ULRICH GOHL

Jesus erzählt von mir und dir

Spiellieder und Singspiele zur Bibel
mit Gestaltungsideen
für Kindergruppen von

GOTTFRIED MOHR

mit Illustrationen
von Dorothea Layer-Stahl

VERLAG JUNGE GEMEINDE

Inhalt

Verzeichnis nach Liedanfängen 4
Stichwortverzeichnis 5
Bibelstellenregister 6
Vorwort 7
Singen mit Kindern als Beitrag zum Gemeindeaufbau 8

SPIELLIEDER

Titel	Biblische Geschichte	Kreative Idee	Seite
Der barmherzige Samariter	Der barmherzige Samariter Lukas 10,25–37	1. Handbewegungen 2. Pantomimisches Spiel	14
Der Sämann geht über das Feld	Gleichnis vom vierfachen Acker Matthäus 13,3–9; Markus 6,1–9; Lukas 8,4–8	Gesten erfinden	16
Der Sämann	Gleichnis vom vierfachen Acker – s. o. –	Pantomisches Spiel	18
Komm zurück!	Gleichnis vom verlorenen Sohn Lukas 15,11–24	Tanz	20
Schäflein war verschwunden	Gleichnis vom verlorenen Schaf Lukas 15,3–6; Psalm 23; Johannes 10	Szenisches Spiel	22
Der Fischer fährt aufs Meer	Gleichnis vom Fischnetz Matthäus 13,47–51	Collage	24
Es kommt eine Stunde	Gleichnis vom Schatz im Acker Matthäus 13,44	1. Bildkartei 2. Die Geschichte weiterschreiben	26
Armer reicher Mann	Gleichnis vom Kornbauern Lukas 12,15–21	Verklanglichung	30
Abrahams Aufbruch	Abrahamsgeschichte 1. Mose 12–21	1. Liedbilderbuch 2. Polonaise	32
David und Goliat	David besiegt Goliat 1. Samuel 17	Kleines Singspiel	36
Jesus ist das Licht der Welt	Geburt Jesu Johannes 8,12; Lukas 2; Matthäus 2; Matthäus 5,3–11	Weihnachtsfeier mit Singspiel	42
Die Berufung des Petrus	Wunderbarer Fischzug Lukas 5,1–11	1. Ballade 2. Dias gestalten	46

Titel	Biblische Geschichte	Kreative Idee	Seite
Petrus, lauf nicht weg!	Verleugnung des Petrus Lukas 22,47–62	Bildmeditation	48
Osterlied	Auferstehung, Ostern, Petrus Markus 16,1–8; Matth. 27,62–66; Lukas 24,13–35; Joh. 21,15–17; Johannes 20,24–31	1. Klanghölzer 2. Spiel 3. Kleines Singspiel	54
Ein Mann lebt in Kapernaum	Heilung des Gichtbrüchigen Markus 2,1–12	1. Musikal. Gestaltung mit Begleitsatz 2. Pantomimisches Spiel	58
Der dankbare Samariter	Heilung der zehn Aussätzigen Lukas 17,11–19	1. Erzählung 2. Fingerspiel	64
Heiliger Geist	Pfingstgeschichte Apostelgeschichte 2	Weitere Verse erfinden	68
Wasser des Lebens	Wasser, Taufe, Fest 1. Mose 9,12–17; Matth. 5,45; Johannes 4; Offenbarung 22,1–2	1. Collage 2. Regenbogen basteln aus Kreppapier	70
Dank sei dir, Gott	Die Lilien auf dem Felde Matthäus 6,28	Kanon zum Segen	72
Selig sind	Seligpreisungen Matthäus 5,3–10	Fürbittegebet	74
Gott hält seine Hand	Gottes Schutz Psalm 91; Psalm 121	1. Zweistimmiger Satz 2. Begleitkassette basteln 3. Lied mit Bewegungen	76

SINGSPIELE

Singspiel zur Weihnachtsgeschichte	Geburt Jesu Lukas 2,1–16; Matthäus 2,1–11		80
Die Stillung des Sturms	Die Stillung des Sturms Matthäus 8,23–27 und Psalm 46		88
Ein Binsenkorb Hoffnung	Die Lilien auf dem Felde; Mose Geburt und Errettung Matthäus 6,28; 2. Mose 2 und 3		96
Philippus und der Kämmerer	Philippus und der Kämmerer Apostelgeschichte 8,26–39		110
Heilung der zehn Aussätzigen	Heilung der zehn Aussätzigen Lukas 17,11–19		118

Verzeichnis nach Liedanfängen

SPIELLIEDER

Dank sei dir, Gott! 72
Der Fischer fährt aufs Meer 24
Der Glaube unsrer Väter gelingt uns heute nicht mehr . . . 43
Der Goliat, der Goliat 36
– Der David war noch klein 37
– Doch David, wer ist denn der? 37
Der Regen fällt auf gut und schlecht 70
Der Sämann, der Sämann 18
Der Sämann geht über das Feld 16
Der Sohn verläßt des Vaters Haus 20
Die Stimme sprach: Nun folge mir 32
Ein Mann lebt in Kapernaum 58
Eins, zwei, drei und vier, fünf, sechs 64
Es plagt sich einer auf dem Feld 26
Es war einmal ein reicher Mann 30
Gott hält seine Hand über mir 76
Heiliger Geist, komm in unsre Mitte 68
Hirt und Schafe beide ziehen auf die Weide 22
Jesus erzählt von mir und dir 14
Jesus ist das Licht der Welt 42
Petrus, du warst schlecht beraten 48
Selig sind die geistlich Armen 74
Sie kehren am Morgen vom Fischfang zurück 46
Singet, denn Jesus ist erstanden! 54

SINGSPIELE

Die Stillung des Sturms 88
Ein Binsenkorb Hoffnung 96
Heilung der zehn Aussätzigen 118
Philippus und der Kämmerer 110
Singspiel zur Weihnachtsgeschichte 80

Lieder aus den Singspielen,
die auch als Einzellieder gesungen werden können

Dein Wort hat uns gerufen 111
Gott ist unsre Zuversicht 89
Gott schickt nach Bethlehem sein Kind 87
Jesus, Herr, ich danke dir 125
Sag Jesus nicht, wieviel du kannst 91
Seht die Blumen wachsen 97
Wir bauen noch heute der Hoffnung ein Haus 104
Wir führen unsre Schafe 82

Stichwort-verzeichnis

Anfang/Aufbruch	26, 32, 46
Angenommensein	20, 22, 36, 58, 76
Angst	36, 88, 91
Berufung/Nachfolge	26, 32, 46, 74, 91, 110
Bitte	68, 74
Dank	64, 72, 118, 125
Erntedank	16, 18, 24, 30, 64, 70
Fremde/Ausländer	64, 110, 118
Freundschaft	48, 58
Glaube	16, 18, 24, 26, 32, 46, 54, 88
Gottesdienst/Gottes Wort	16, 18, 111
Gottes Segen	16, 32, 36, 72, 76
Heiliger Geist	68
Heilung	58, 64, 118
Hoffnung	16, 18, 96, 104
Jahreswechsel/Neujahr	26, 30, 32, 76, 89
Kleinsein	18, 36, 82, 96
Konfirmation	68, 110
Krankheit/Behinderung	58, 64, 118, 125
Liebe Gottes	20, 22, 24, 70, 76, 91
Nächstenliebe/Diakonie	14, 58
Passion	48
Pfingsten	68
Reich Gottes	16, 18, 24, 26, 46, 74, 96, 97
Schulanfang	32, 36, 76
Schöpfung	70, 97
Schuld/Vergebung	20, 48, 58, 87
Sinn des Lebens	20, 24, 26, 30, 70
Taufe/Tauferinnerung	68, 70, 76
Tod	30, 70
Weihnachten	42, 80, 82, 87, 118

Bibelstellenregister

Bibelstelle		Seite
1 Mose	9,12–17	70
	12–21	32
2 Mose	2 u. 3	96
1 Samuel	17	36
Psalm	23	22
	46	88
	91	76
	121	76
Matthäus	2,1–11	42, 80
	5,3–10	74
	5,3–11	42
	5,45	70
	6,28	72, 96
	8,23–27	88
	13,3–9	16, 18
	13,44	26
	13,47–51	24
	27,62–66	54
Markus	2,1–12	58
	6,1–9	16, 18
	16,1–8	54
Lukas	2,1–16	42, 80
	5,1–11	46
	8,4–8	16, 18
	10,25–37	14
	12,15–21	30
	15,3–6	22
	15,11–24	20
	17,11–19	64, 118
	22,47–62	48
	24,13–35	54
Johannes	4	70
	8,12	42
	10	22
	20,24–31	54
	21,15–17	54
Apostelgeschichte	2	68
	8,26–39	110
Offenbarung	22,1–2	70

Vorwort

Jesus erzählt von mir und dir.
Seine Geschichten sind nicht alt und überholt. Sie gehen uns an, wie alle Geschichten der Bibel. Deshalb lohnt es sich, diese Geschichten nachzuerleben, nachzuspielen, nachzuempfinden, nachzusingen.
Die Lieder und Singspiele dieses Buches wollen dazu einladen, zusammen mit Kindern durch Singen, Musizieren, Bewegen und Spielen die biblischen Geschichten fröhlich kennenzulernen und sie miteinander zu erleben.
Man muß nicht hochmusikalisch sein, um mit diesen Liedern etwas anfangen zu können, die Melodien sind leicht und eingängig, auch kleine Kinder können schon mitmachen. Das Musizieren dieser Lieder im Kindergottesdienst, Kindergarten, Kinderchor oder Schule soll einfach Freude machen. Man muß nicht immer gleich an eine Aufführung denken, obwohl viele dieser Lieder auch sehr eindrucksvoll vorgeführt werden können und damit manchen Familiengottesdienst bereichern. Die Lieder stammen alle aus der Praxis mit Kindern, in Kindergottesdienst und Kinderchor, aber auch aus dem Religionsunterricht mit behinderten Kindern.
Die kreativen Gestaltungsvorschläge sind als Anregungen gedacht, mit diesen Liedern etwas zu machen. Oft sind die Ideen auch von einem Lied auf das andere übertragbar. Es wäre schön, wenn diese Ideen Anstöße für neue Gestaltungsformen geben würden. Wir wollen Mut machen, mit den Liedern, Singspielen und Gestaltungsvorschlägen spontan, frei und kreativ umzugehen, am Ende hat dann die Kindergruppe ihr Lied und ihr Spiel gefunden.
Es wäre schön, wenn dieses Buch durch Klänge und Melodien, durch Bewegung und Spiel, durch Denken und Lachen einen weiteren Farbtupfer in die Arbeit mit der Kindergruppe bringen könnte. Wir wissen ja, Melodien und Liedtexte dringen sehr tief in unsere Seelen ein, und was Jesus erzählt, betrifft uns ganz tief.

Ulrich Gohl, Gottfried Mohr

Singen mit Kindern als Beitrag zum Gemeindeaufbau

Unsere Erfahrungen mit Spielliedern und Singspielen

Wie es dazu kam

Unsere Spiellieder und Singspiele haben ihr »Standbein« im Familiengottesdienst. Seit meiner Vikarszeit waren mir Familiengottesdienste als gemeinsame Gottesdienste von Erwachsenen und Kindern vertraut. Familienfreizeiten lieferten Impulse, ebenso die Notwendigkeit, Kindergottesdienst und Erwachsenengottesdienst nicht in die Isolierung geraten zu lassen. Zudem ging es um ein gottesdienstliches »3. Programm« für die zweiten Feiertage.

In unserer Gemeinde finden Familiengottesdienste in verschiedenen Formen statt, die gern angenommen werden. Daß ich mich je länger desto mehr auf Familiengottesdienste mit Singspielen festgelegt habe, hatte mehrere Gründe: Es gibt eine reiche Tradition des Laienspiels und der Sprechmotette; schon im Gesangbuch stehen zwei Spiellieder (»Vom Himmel hoch«, »Erstanden ist«); der Gottesdienst begann sich neuem Liedgut zu öffnen; Kurt Rommels Jugendgottesdienste in Stuttgart-Bad Cannstatt hatten Signalwirkung auch für Familien- und Kindergottesdienst. Unsere Versuche, zunächst nur für den eigenen Gemeindegebrauch bestimmt, fanden Anklang und wurden durch Rundfunk- und Fernsehgottesdienste einem größeren Kreis bekannt. Die Singspiel-Schallplatten waren willkommene Bausteine für bauliche und diakonische Aufgaben. Nicht zuletzt: Als Gemeindepfarrer benötigte ich griffige, eingängige und wiederholbare Formen. Ich hatte Zugang zu den Kindern im Kinder- und Schülergottesdienst, Religions- und Konfirmandenunterricht und konnte dort die Singspiele vorbereiten, nicht selten auch die Texte und Lieder ändern. Seit Jahren hat das »Chörle«, eine offene Kindersinggruppe, den Hauptteil der Vorbereitung übernommen. Dies schließt nicht aus, daß ein Singspiel auch einmal im Frauenkreis oder in der Bibelstunde vorbereitet wurde. Denn der Mitmach-Charakter ist bei allen 21 Singspielen erhalten geblieben.

Und das »Wort«?

Das Singspiel ist Auslegung eines biblischen Textes. Aber es ist in seiner Form festgelegt und auf Aktualisierung angewiesen. Dies geschieht in der Ansprache, entweder vor Beginn des Spiels und verbunden mit einem kurzen Ansingen der für die Gemeinde gedachten Motive, oder an Stelle des einen oder andern Sprecherstückes. Die Ansprache kann in einer Kurzpredigt, einer Erzählung oder einer Meditation bestehen, muß aber vor allem lebendige »Ansprache« sein – als Gegengewicht zum festgelegten Ablauf des Spiels.

Und die Gemeinde?

Sie ist in das Spiel einbezogen und stimmt in die Lieder und Kehrverse ein. Die Textblätter sind das Kennzeichen ihrer aktiven Beteiligung. Die Gemeinsamkeit des Feierns wird betont, wenn das Singspiel in eine Taufe, eine Segnung, eine Gabenausteilung einmündet, oder wenn der Abrechnungstisch des Matthäus zum Abendmahlstisch wird.
Unsere Singspiele sind in erster Linie nicht als »Aufführungen« gedacht. Die Kinder können aus der Gemeinde heraus spielen, in Gruppen auf die Kirchenbänke verteilt; sie ziehen durch den Mittelgang ein und singen von der Empore herab. So können gerade räumlich beengte Verhältnisse zur Chance werden.

Und die Kinder?

Die Kinder lernen den Gottesdienstablauf als Ganzes schon im voraus kennen. Peinlich, wenn sie nur ihr Singspiel einstudiert hätten, wenn sie nicht einmal ein Liedblatt oder Gesangbuch bei der Hand haben. Sind die Kinder am ganzen Gottesdienst beteiligt, sind sie gesammelter dabei. Wichtig, daß sie nicht nur »action« erleben, sondern Stille – während des Geläutes oder während des Stillen Gebets.
Folgende Form hat sich bei uns bewährt – sofern die Länge des Singspiels nicht Kürzungen notwendig macht: Vorspiel – Eröffnung – Lied – Psalmgebet – Gebet – Stilles Gebet – Kanon – Lesung aus einer Kinderbibel – Lied – Kurzansprache mit Ansingen – Singspiel – Gebet, Vaterunser – Lied – Bekanntmachungen (mit Einladung zu den verschiedenen Angeboten für Kinder; Opferansage; Fürbitten) – Segen – Nachspiel; am Ausgang Angebote von Kinderbibeln usw.
Gewiß darf sich ein Familiengottesdienst mit Singspiel oder anderen Medien mehr Freiheiten erlauben als feierlichere Gottesdienstformen. Doch sollte nach einer alten Regel auch jeder Familiengottesdienst an den denken, der zum ersten Mal, und an den, der zum letzten Mal am Gottesdienst teilnimmt.

Die Vorbereitung

Was wollen wir erreichen? Selbstverständlich ein Bekanntwerden mit Text und Liedern und eine Wiedergabe, so gut es die Möglichkeiten vor Ort zulassen. Ebenso wichtig ist das Hineinwachsen in die biblische Geschichte. Dies geschieht meist in kleinen Schritten anhand der einzelnen Spielszenen. Die Kinder haben Chorpartituren zur Hand. Vielleicht steht für das bessere Lernen zu Hause oder in der Gruppe eine Kassette zur Verfügung – zum Kennenlernen, nicht zum Nachahmen. Nicht erzwungen, aber angestrebt werden sollte, daß der Chor auswendig singt. Nur so entsteht ansteckender Kontakt zur Gemeinde und unbefangenes Singen und Spielen. Die Instrumentierung darf den Chor nicht zudecken. Als Mindestausstattung kann ein Tasteninstrument genügen, dem gegebenenfalls ein Instrument für die Melodie oder die Oberstimme hinzugefügt wird. Es muß nicht immer eine Band sein, obwohl dies die Farbigkeit wesentlich erhöht. Berührungsängste haben wir nicht. Leider stehen dem Einsatz der Kirchenorgel aus räumlichen Gründen oft Schwierigkeiten entgegen.

Das Ansingen

Ansingen – nicht Einüben; Anstiften – möglichst wenig Worte machen; den »Ernstfall« nicht vorwegnehmen, sondern vorbereiten. So weckt das Ansingen Interesse und schlägt Brücken zwischen jung und alt, den verschiedenen Instrumenten und der Gemeinde. Je kürzer, desto besser.

Aber wir sind nicht musikalisch!

Wer (noch) keine sichere Stimme hat, muß nicht unmusikalisch sein. Und eine schöne Stimme ist noch keine Garantie für musikalische Begabung. Manche Kinder haben einen weiten Anmarschweg zum Singen. Zu Hause wird oft nicht gesungen – weder weltliches noch geistliches Liedgut. Manchmal können auch Kindergarten und Schule die Freude am Singen nicht wecken. Den Musikbedarf vieler Kids deckt der Walkman. Und wenn die Mitarbeiter/innen die Woche über nie singen oder sich ihrer Stimme schämen, wie sollen sie dann im Kindergottesdienst am Sonntag mit den Kindern singen können? Man kann zum Singen nicht zwingen, aber das gemeinsame Vorbereiten eines Singspiels kann zum Singen motivieren und Begabungen wecken. Das Spielen hilft zum Singen.
Die »Unmusikalischen« dürfen nicht ausgegrenzt werden. Sie bereichern den Gottesdienst auf andere Weise. Der Kindergottesdienst muß Kindergottesdienst bleiben. Deshalb treffen sich alle, die gern singen, eine halbe Stunde vor Beginn. Oder es entsteht ein »Chörle«, das während der Woche zusammenkommt.

Wir sind zu wenig Kinder!

Vielleicht birgt dieser Mangel auch eine Chance: Der Kindergottesdienst tut sich zusammen mit anderen Kindergruppen. Zwar hat er als Gottesdienst mit Kindern seinen ganz bestimmten Auftrag, aber er ist keine exclusive Einrichtung. Vielleicht läßt sich eine Jungschar gewinnen, eine Konfirmandengruppe oder eine Klasse aus dem Religionsunterricht? Vielleicht lassen sich Eltern ansprechen? Vielleicht macht eine Katechetin mit, ein Kantor oder der Posaunenchorleiter? Eine solche Kooperation kann für alle Beteiligten nur ein Gewinn sein und zeigt, daß alle am gleichen Strang ziehen. Nur: rechtzeitige Planung und Abstimmung sind erforderlich.

Verkleidung?

Warum nicht? Gewänder sind eine Hilfe für Spielen und Verstehen. Die eigene Person wird zurückgenommen, das Einfühlen in die Rolle wird erleichtert. Die Verkleidung wird mit den Kindern zusammen ausgedacht; sie haben oft die originellsten Ideen. Aber nicht die Verkleidung, sondern die Körperhaltung macht das Spiel lebendig.

Kulissen?

Auch sie sind eine Hilfe. Doch der Blick auf den Altar sollte frei bleiben. Deshalb gehen wir mit Kulissen sparsam um, eher nur andeutungsweise, so daß man sie im Gottesdienst erst kurz vor dem Singspiel anbringen kann – etwa im Zusammenhang einer erzählenden Einführung.

Spiel und Bewegung

Grundvoraussetzung: Es wird mit auswendig gelerntem Text gespielt, das Stück wird Szene um Szene eingeübt, in kleinen Schritten, die das Auswendiglernen nicht allzusehr zur Plage geraten lassen. Es ist zu überlegen: Was kann aus der Gemeinde heraus, was muß frontal zur Gemeinde gespielt werden? Lassen sich die Kinder in eine Sing- und eine Spielgruppe einteilen? Wie fügen sich Hände, Haltung und Augen ins Spielgeschehen ein? Oder: Wie passen Musik und Bewegungsablauf zusammen? Wo muß eine Strophe instrumental oder gesungen wiederholt, wo muß gekürzt, wo muß überbrückt werden – mit einer einfachen Akkordfolge oder mit leiser Schlagzeuguntermalung?

Solostimmen

Sie sind teils begehrt, teils gefürchtet. Eine Solorolle kann auch von einer Gruppe übernommen oder – bei zu vielen Bewerbern – auch aufgeteilt werden. Wir lassen uns mit der endgültigen Besetzung Zeit und zeigen damit: Am wichtigsten ist der Chor.

Sprechertexte

Ist Sprechen tatsächlich einfacher als Singen? Die Auswahl und Anleitung der Sprecher/innen erfordert einige Sorgfalt. An die Stelle der Sprechertexte können auch kurze Erzählstücke oder Meditationen treten, sie dürfen jedoch den Spielfluß nicht hemmen. Wir haben auch mit erwachsenen Sprechern (z.B. Eltern!) recht gute Erfahrungen gemacht. Enthält der Sprechertext eine direkte Rede, so kann diese von der betreffenden Rolle übernommen werden.

Mikrophone?

Über ihren Nutzen gerade bei Gottesdiensten mit Kindern muß hier nichts gesagt werden. Aber sie machen noch keinen Star und sie behindern das Spiel – als Ständermikrophon noch mehr als am langen Kabel, und Funkmikrophone werden in der benötigten Zahl kaum verfügbar sein. Wir singen und spielen, wenn's geht, ohne Mikrophone; Ausnahme sind Sprecherstücke und evtl. Solorollen. Werden Mikrophone eingesetzt, muß der Umgang mit ihnen sorgfältig eingeübt und die Choreographie von Anfang an darauf ausgerichtet sein.

Geht's nicht auch mit weniger Aufwand?

Manchmal haben wir ein Singspiel einfach gesungen. Dann wird der Text statt durch Bewegung und Gewänder durch Bilder veranschaulicht: Durch Plakate, Dias, über Tageslichtschreiber oder über ein »Stehkino«.

Ulrich Gohl

Spiellieder

Der barmherzige Samariter

2. Jesus erzählt von mir und dir, mir und dir, mir und dir.
Jesus erzählt von mir und dir. Das zeigen wir.
Am Weg, da liegt verletzt ein Mann.
Schon fliegen von fern die Geier heran, die Geier heran, die Geier heran.

3. Jesus erzählt von mir und dir ...
Am Weg, da liegt verletzt ein Mann.
Ein Priester kommt, und sieht ihn nicht an, und sieht ihn nicht an, und sieht ihn nicht an.

4. Jesus erzählt von mir und dir ...
Am Weg, da liegt verletzt ein Mann.
Sagt ein Levit: »Was geht mich das an, was geht mich das an, was geht mich das an?!«

5. Jesus erzählt von mir und dir ...
Am Weg, da liegt verletzt ein Mann.
Ein Fremder kommt, und er sieht ihn an, und er sieht ihn an, und er sieht ihn an.

6. Jesus erzählt von mir und dir ...
Am Weg, da liegt verletzt ein Mann.
Der Fremde kniet nieder, verbindet ihn dann, verbindet ihn dann, verbindet ihn dann.

7. Jesus erzählt von mir und dir ...
Am Weg, da liegt verletzt ein Mann.
Der Fremde bringt ihn zur Herberge dann, zur Herberge dann, zur Herberge dann.

(Verse 8 und 9) ▶

Biblischer Bezug: Lukas 10,25–37, Der barmherzige Samariter

Thema/Kirchenjahr: Nächstenliebe – Diakonie

Hinweis: Während der letzten drei Takte der Strophe langsamer werden.

Kreative Idee:

1. Handbewegungen

Wir überlegen für jeden Vers eine typische Handbewegung und machen diese Handbewegung während der drei letzten Takte des Liedes.

2. Pantomimisch spielen

Die Rollen der Geschichte werden verteilt.
Zwischen Kehrvers und Strophen wird eine Pause gemacht. Nun spielen die Kinder pantomimisch. Die Bewegungen und Aktionen werden mit den Kindern überlegt und ausprobiert:

1. Überfall
2. Die Geier umkreisen den Verletzten
3. Der Priester sieht bewußt weg
4. Der Levit schüttelt den Kopf
5. Der Fremde sieht ihn an
6. Der Fremde verbindet
7. Der Fremde bringt den Verletzten zur Herberge
8. Der Fremde bezahlt

Solange gespielt wird, wird die Pause mit einem d-moll Dreiklang der Begleitung überbrückt.

---

8. Jesus erzählt von mir und dir …

   Am Weg, da liegt verletzt ein Mann.
   Der Fremde bezahlt seine Pflege dann, seine Pflege dann, seine Pflege dann.

9. Jesus erzählt von mir und dir …

   Laß den, der in Not ist, nicht allein.
   Und Jesus wird dir der Nächste sein, der Nächste sein, der Nächste sein.

   Jesus erzählt von mir und dir, mir und dir, mir und dir.
   Jesus erzählt von mir und dir. Das zeigen wir.

Der Sämann geht über das Feld

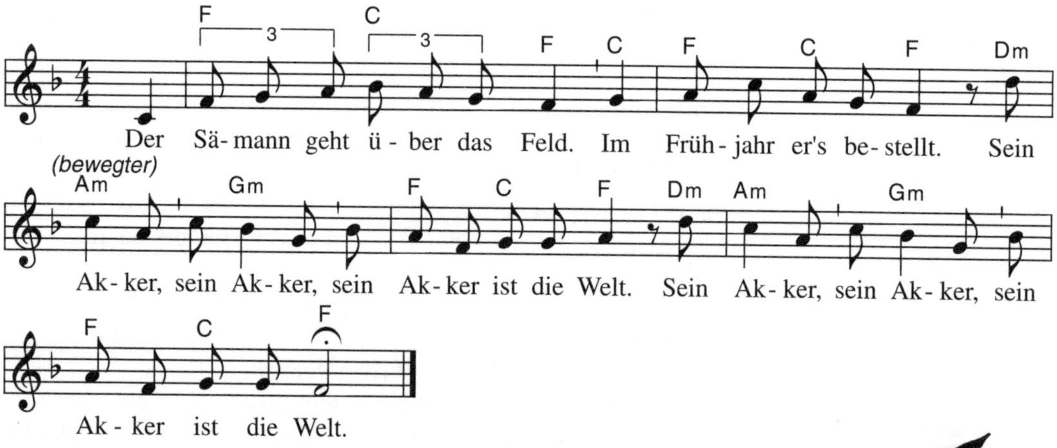

2. Da fällt manches Korn auf den Weg
und liegt ohn' Schutz und Pfleg'.
Die Vögel, die Vögel, die Vögel fressen's weg.

3. Und manches Korn fällt auf den Stein,
blüht auf und stirbt ganz klein.
Die Wurzel, die Wurzel, die Wurzel dringt nicht ein.

4. In schrecklichen Kampf wird verstrickt,
was unter Dornen liegt.
Im Dunkel, im Dunkel, im Dunkel wird's erstickt.

5. Wieviel er verloren doch hat!
Du trauerst um die Saat:
»Vergeblich, vergeblich, vergeblich, was er tat!«

6. Doch hundertfach reichen Bestand
hat Saat auf gutem Land.
So segnet, so segnet, so segnet Gottes Hand.

7. Sieh Gottes Hand über der Welt,
die sät und Ernte hält.
Auch du bist, auch du bist, auch du bist Gottes Feld.

Biblischer Bezug: Matthäus 13,3–9; Markus 6,1–9; Lukas 8,4–8
Das Gleichnis vom vierfachen Acker

Thema/Kirchenjahr: Gottes Segen – Erntedank – Wort Gottes

Hinweis: Der erste und zweite Teil des Liedes kann abwechselnd zwischen zwei Gruppen oder Vorsänger und allen gesungen werden. Für den zweiten Teil des Liedes kann eine Oberstimme gesungen oder mit Melodieninstrumenten (Flöte) musiziert werden:

Kreativer Umgang: **Gesten erfinden**

Die Kinder erfinden zu jedem Vers eine Geste, die sie während des 2. Teils des Liedes vormachen, z. B.

Vers 1: Bewegung des Säens
Vers 2: Flugbewegung der Vögel
Vers 3: In sich zusammensacken
usw.

Der Sämann

2. Der Sämann, der Sämann, der Sämann wirft den Samen aus,
Der Sämann, der Sämann, was wird daraus?
O weh! O weh! Das Korn fällt auf den Stein.
O weh! O weh! Die Wurzel dringt nicht ein! O weh! O weh! O weh!

3. Der Sämann, der Sämann, der Sämann wirft den Samen aus,
Der Sämann, der Sämann, was wird daraus?
O weh! O weh! Das Körnlein ist erstickt.
O weh! O weh! Von Dornen wird's erdrückt! O weh! O weh! O weh!

4. Der Sämann, der Sämann, der Sämann wirft den Samen aus,
Der Sämann, der Sämann, was wird daraus?
Juhe! Juhe! Das Korn aus seiner Hand,
Juhe! Juhe! fällt auch auf gutes Land!
Muß wachsen, muß wachsen, für alle Brot und Freude sein,
muß wachsen, muß wachsen und Freude sein.
Muß wachsen, muß wachsen, für alle Brot und Freude sein,
muß wachsen, muß wachsen und Freude sein.

Biblischer Bezug:	Matthäus 13,3–9; Markus 6,1–9; Lukas 8,4–8 Das Gleichnis vom vierfachen Acker
Thema/Kirchenjahr:	So wächst Gottes Reich
Hinweis:	Dieses Lied erzählt das Gleichnis für die Jüngeren nach und lädt zum Nachspielen ein. Das »O weh!« dürfen die Kinder laut schreien.
Kreative Idee:	**Nachspielen** Die Kinder stehen im Halbkreis. Der Sämann schreitet den Halbkreis ab und wirft den Samen aus. Ein Kind kommt als Samenkorn und hockt sich in die Mitte. Diese Bewegung wird bei jedem Vers zu der Zeile »Der Sämann wirft den Samen aus, was wird daraus?« wiederholt. Während des 2. Teils der Verse werden folgende Szenen gespielt: *Vers 1:* Die Vögel (einige Kinder) umkreisen das Samenkorn und schleppen es weg. *Vers 2:* Das Samenkorn richtet sich auf und sackt in sich zusammen. *Vers 3:* Die Dornen (einige Kinder) drücken das Samenkorn mit ausgestreckten Armen und Fingern nieder. *Vers 4:* Das Korn wächst und nimmt die im Halbkreis stehenden Kinder an der Hand, um mit ihnen im Kreis zu tanzen.

Komm zurück!

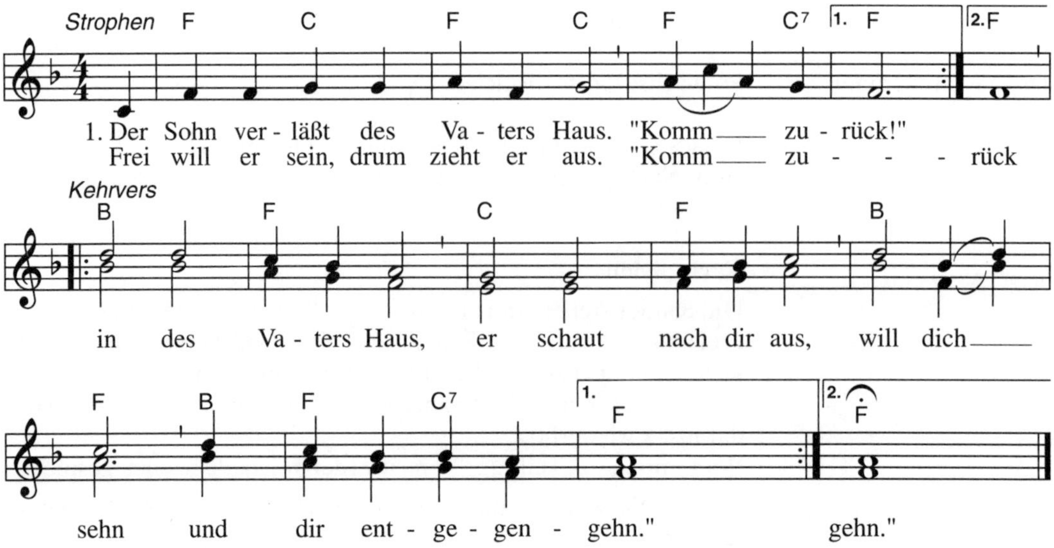

2. »Ich brauch dich nicht, bin selber groß!«
»Komm zurück!«
»Gib mir mein Erbteil, laß mich los!«
»Komm zurück!«
In des Vaters Haus, er schaut nach dir aus,
will dich kommen sehn und dir entgegengehn.

3. Der Traum vom großen Leben log.
»Komm zurück!«
Am Ende steht der Schweinetrog.
»Komm zurück!«
In des Vaters Haus ...

4. Zerbrochen ist sein ganzes Glück.
»Komm zurück!«
Kann er zum Vater so zurück?
»Komm zurück!«
In des Vaters Haus ...

5. »Nie wieder kann sein Sohn ich sein!«
»Komm zurück!«
»Vielleicht stellt er als Knecht mich ein?«
»Komm zurück!«
In des Vaters Haus ...

6. Der Vater nimmt ihn wieder an.
»Komm zurück!«
Vergibt, was er ihm angetan.
»Komm zurück!«
In des Vaters Haus ...

7. »Singt, spielt und tanzt, das Herz erhebt!«
»Komm zurück!«
»Mein Sohn war tot, doch seht – er lebt!«
»Komm zurück!«
In des Vaters Haus ...

Biblischer Bezug: Lukas 15,11–24
Gleichnis vom verlorenen Sohn

Hinweis: Das Lied kann im Wechsel zwischen einem Vorsänger/einer Vorsängergruppe und allen gesungen werden.
Alle singen: »Komm zurück!« und den Kehrvers.

Wird das Lied nur mit Gitarre begleitet, kann man es in E-Dur musizieren. Griffe:

/ E H7 / E H7 / E H7 / E //
/ A / E / H7 / E /
/ A / E A / E H7 / E //

Kreativer Umgang: **Leichte Bewegungen**

Alle stehen in einer Reihe (auch in mehreren Reihen oder im Kreis möglich)

Der Sohn verläßt des Vaters Haus	*Vier Schritte nach vorne*
»Komm zurück!«	*Vier Schritte mit ausgebreiteten Armen zurück*
Frei will er sein, drum zieht er aus.	*Vier Schritte nach vorne*
»Komm zurück!«	*Vier Schritte mit ausgebreiteten Armen zurück*
In des Vaters Haus,	*Seitenschritt nach rechts Seitenschritt zurück*
er schaut nach dir aus,	*Um die eigene Achse drehen (Ausschau halten)*
will dich kommen sehn	*zwei kleine Schritte zurück*
und dir entgegengehn.	*vier Schritte vor (aber im doppelten Tempo)*

Bei der Darbietung mit Bewegungen entfällt die Wiederholung des Kehrverses. Dieselben Bewegungen können zu jedem Vers getanzt werden.

Schäflein war verschwunden.
Jetzt ist es gefunden!

1. Hirt und Schafe beide
   ziehen auf die Weide.

2. Da gellt's in den Ohren:
   »Schäflein ging verloren!«

3. Elend blieb es stecken
   in den Dornenhecken.

4. »Herde, bleib dahinten!
   Muß das Schäflein finden!«

5. »Schäflein, hör mich doch!
   Schäflein, lebst du noch?«
   (Suchen! – Strophe 5 mehrmals wiederholen)

6. »Mäh« ...

7. »Ich bin bei dir, sieh!
   Ich vergeß dich nie!

8. Will nach Haus dich bringen.
   Fröhlich wirst du springen!«

9. »Nachbarn, gute Leut',
   freut euch mit mir heut!

10. Schäflein war verschwunden.
    Jetzt ist es gefunden!«

Biblischer Bezug: Lukas 15,3–6, Gleichnis vom verlorenen Schaf
Psalm 23, Johannes 10

Thema/Kirchenjahr: Suchen – finden, Angenommensein
Ein Gedicht/Sprechgesang für die Kleinsten
Für Kindergarten und Gottesdienste mit Kleinkindern
Gottesdienste mit Behinderten.

Hinweis: Die einzelnen Strophen werden in der Art einer den Kindern angepaßten Tonlage je zweimal gesungen: Von einer Vorsängerstimme und von allen.

Kreativer Umgang: **Das Lied spielen**

Jede Strophe stellt eine Situation dar, die frei gestaltet wird. Zwischen den Strophen wird der Rhythmus der Melodie durch Trommel und/oder Triangel usw. weitergeführt und variiert. Die einfache Tonfolge der Melodie kann ebenfalls im Rahmen des Sprachrhythmus variiert werden.
Die Such-Szene Verse 5 und 6 wird breit ausgespielt, damit die Sorge und Unruhe des Hirten und die Situation des verlorenen Schafes deutlich zum Ausdruck kommt. Das »Schäflein« hat sich irgendwo im Raum versteckt und beendet mit einem »Mäh!« die Suche des Hirten.
Es ist ein Unterschied, ob das Gleichnis vor und mit Zuschauern aufgeführt oder ob es in einer Kindergarten- oder Krabbelgruppe einfach gespielt wird. In diesem Fall werden die Rollen des Hirten und des verlorenen Schafes möglichst abwechselnd besetzt. Dadurch wird das Gleichnis immer neu ausgemalt und erlebt – das Suchen und das Finden, die Angst und die Liebe des guten Hirten.

Der Fischer fährt aufs Meer

2. Für ihn gibt's keine Ruh.
Er wacht und er packt zu.
Doch tut er's ohne Hast,
von selbst das Netz die Fische faßt
/: in der Nacht, in der Nacht, in der Nacht :/

3. Was wird im Netze sein?
Sind's große? Sind sie klein?
Sind's starke, sind sie matt?
Ob's schlechte, ob es gift'ge hat
/: in der Nacht, in der Nacht, in der Nacht :/

4. Wart ab die kurze Frist
bis du am Ufer bist!
Erst dann wird offenbar,
was in dem großen Netze war
/: in der Nacht, in der Nacht, in der Nacht :/

5. Dann trennt des Fischers Hand
das Gute von dem Tand
im hellen Morgenlicht.
Und du, du wolltest's glauben nicht
/: in der Nacht, in der Nacht, in der Nacht :/

6. Der Morgen bricht herein.
Hör, wie die Möwen schrei'n!
Doch was du dann wirst sehn
geht über Bitten und Verstehn:
/: Gottes Tag, Gottes Tag,
Gottes Tag :/

Biblischer Bezug: Matthäus 13,47–51, Gleichnis vom Fischnetz

Thema: Gut und Böse

Hinweis: Das Lied kann abwechselnd zwischen Vorsängergruppe und Allen gesungen werden. Alle stimmen dann in den Kehrvers »In der Nacht ... bzw. Gottes Tag« ein.

Kreativer Umgang: **Fischnetz-Collage**

Das Gleichnis vom Fischnetz (Matthäus 13,47–51) spricht die oft schmerzliche Erfahrung an, daß in unserer Welt Gutes und Böses, Erfreuliches und Schlimmes, Schönes und Häßliches so nah beieinander und so untrennbar vermischt sind.
Wir kleben auf ein großes Plakat ein Netz aus dicken Wollfäden auf.
Dann sammeln Kinder aus Zeitschriften Bilder: Eine Gruppe unter dem Thema »Das ist schlimm, das ist böse, das ist schlecht« und klebt die Bilder auf vorbereitete Fische aus grauem Tonpapier. Die andere Gruppe sammelt Bilder unter dem Thema »Das ist schön, das ist gut, das ist erfreulich« und klebt sie auf bunte Tonpapierfische.
Die Fische werden anschließend mit Wollfäden in das Netz hineingebunden.
Nun haben wir vor Augen, wie Gut und Schlecht im selben Netz – in unserer Welt – vereint sind.
Wenn wir nun das Gleichnis erzählen, dann soll es Hoffnung wekken, daß Gott das Gute und das Schlimme in unserer Welt einmal scheiden kann und will. Es soll auch aussagen, daß es Gott damit sehr ernst ist, aber es soll keine Angst machen.

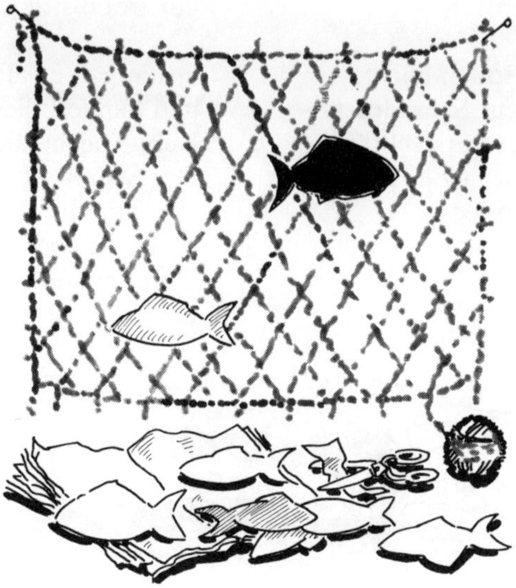

Es kommt eine Stunde

2. Da kracht es plötzlich unterm Pflug.
Er stolpert. Nun hat er genug.
»Da ist schon wieder so ein Stein!
Soll immer ich der Dumme sein?!«
: Es kommt eine Stunde,
du weißt noch nicht, wann –
vielleicht tut es weh,
doch frei bist du dann!:

3. Doch als er sich zu Boden bückt,
den schweren Pflug zur Seite drückt –
die Kiste! Was ist hier versteckt!?
Er hat den größten Schatz entdeckt.
: Es kommt eine Stunde,
du weißt noch nicht, wann –
dann setz alles ein
und frei bist du dann!:

4. Schaut, wie er rennt! Und was er hat,
verkauft er alles in der Stadt.
Die andern schütteln ihren Kopf.
»Er hat nichts mehr, der arme Tropf!«
: Es kommt eine Stunde,
du weißt noch nicht, wann –
die macht dich nicht arm,
nur frei bist du dann!:

5. Drum gab er alles fröhlich drein
und handelt diesen Acker ein.
Kein Knechtsdienst mehr, nicht Plackerei!
Der Schatz ist sein, nun ist er frei.
: Es kommt eine Stunde,
du weißt noch nicht, wann –
Du folgst Gottes Ruf,
und frei bist du dann.:

Biblischer Bezug: Matthäus 13,44, Gleichnis vom Schatz im Acker

Thema/Kirchenjahr: Vom Sinn des Lebens

Hinweis: Das Lied ist wie das Gleichnis selbst besonders gut für die Großen (11–13jährigen) geeignet. Es setzt sich mit der in diesem Alter brennenden Frage nach dem Sinn des Lebens auseinander.

Kreative Idee:

1. Bildkartei: Das Wichtigste im Leben

Die 24 Bilder auf Seite 28 werden für jedes Kind kopiert. Dann sucht sich jedes Kind unter der Fragestellung: »Die drei für mich wichtigsten Dinge im Leben ...« drei Bilder aus.
Wir erzählen uns, welche Bilder wir gewählt haben. Der Gesprächsleiter/die Gesprächsleiterin hat die Bilder vorher vergrößert kopiert und auseinandergeschnitten. Er/sie legt jedes Bild, das gewählt wurde, in die Mitte. So entsteht ein Gespräch zum Thema: »Was wirklich zählt im Leben ...«

2. Fortsetzung folgt ...

Im Kehrvers des Liedes werden Erfahrungen angesprochen, die allgemein menschlich sind und ebenfalls im Gleichnis angesprochen werden.
Wir erfahren Geschichten von Menschen, die ähnliche Erfahrungen machen und lassen die Kinder Fortsetzungen zu den Geschichtenanfängen erfinden.

Die erste Geschichte: Verpasse sie nicht
Mike spielt E-Gitarre bei offenem Fenster. Eines Abends läutet es. Ein unbekannter Mann sagt: »Ich hab' dich Gitarre spielen hören. Ich suche einen Sologitarristen für unsere Amerika-Tour.«

Die zweite Geschichte: Vielleicht tut es weh
Biggi ist durch die Abschlußprüfung der Realschule durchgefallen. Jetzt hat sie keinen Bock mehr auf Schule. Sie will nie wieder was lernen. Eine Lehrstelle findet sie auch nicht. Sie kann in der Fabrik als Hilfsarbeiterin anfangen. Da verdient sie Geld. Oder sie versucht es doch noch einmal mit der Prüfung ...

Die dritte Geschichte: Dann setz alles ein ...
Marion hat sich für die Leichtathletikmeisterschaft qualifiziert. Sie ist eine hervorragende Läuferin. Morgen geht es im 1000-m-Lauf um die Medaillen. Heute läuft sie bei der 4 × 400-m-Staffel mit. Marion kommt der Gedanke: »Am besten, ich schone mich heute noch ein bißchen!« ...

Die vierte Geschichte: Die macht dich nicht arm ...
Familie Mangold wird Augenzeuge eines Unfalls auf der Autobahn. Bei dem Auto einer holländischen Familie ist ein Reifen geplatzt, das Fahrzeug von der Straße abgekommen, Totalschaden, glücklicherweise niemand verletzt. Familie Mangold nimmt

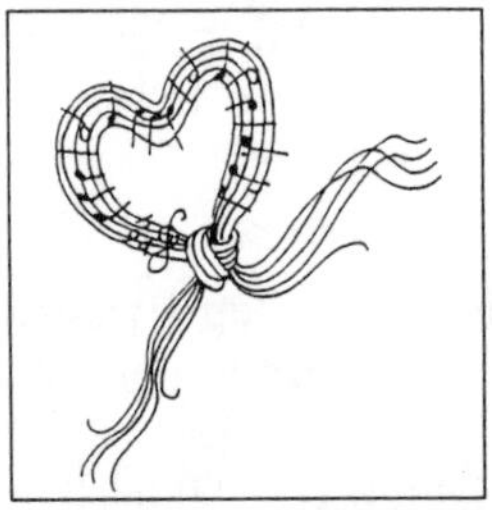

die Niederländer bei sich auf, hilft ihnen bei den Behörden. Sie sind eine Woche Gast im Hause Mangold.

Man kann natürlich auch noch ganz andere Geschichten erfinden.

Die fünfte Geschichte: Du folgst Gottes Ruf ...
Wir überlegen uns: Was möchte Gott uns als »Schatz« finden lassen?
Was müssen wir tun, einsetzen, auf uns nehmen, riskieren, um diesen Schatz zu erreichen?
Die fünfte Geschichte ist meine Geschichte.

Armer reicher Mann

2. Und seht, mit jedem neuen Jahr
der reiche Mann noch reicher war.
Er sagt zu sich: »Hab guten Mut
und iß und trink! Wie hast du's gut!«
Armer reicher Mann, alles ist vertan,
wenn du nur dich selber liebst
und nicht Gott die Ehre gibst.
Armer reicher Mann –
denkt alle daran!

3. Und wieder war die Ernt' vorbei.
Da ruft er: »Knechte, kommt! Juchei!
Brecht meine alten Scheunen ab,
baut neue auf, daß Platz ich hab'!«
Armer reicher Mann ...

4. Er kennt nicht Leid, kennt keine Not,
fragt nicht nach Hunger, Elend, Tod.
Er macht sich groß, er macht sich breit.
»Ich sterben?! Ach, das hat noch Zeit!«
Armer reicher Mann ...

5. Da sprach der Herr: »Du armer Wicht!
Dein ganzer Reichtum hilft dir nicht.
Du stirbst, du stirbst noch diese Nacht,
hast alles, alles falsch gemacht.«
Armer reicher Mann ...

(Vers 6) ▶

Biblischer Bezug: Lukas 12,15–21, Gleichnis vom Kornbauern

Thema/Kirchenjahr: Reichtum – Sinn des Lebens – Tod
Brot für die Welt
Erntedank

Hinweis: Das Lied kann auch abwechselnd zwischen Vorsänger (Strophen) und allen (Kehrvers) gesungen werden.

Kreative Idee: **Totenglocke**

Man kann das Lied mit den Tönen E und H begleiten. Xylophon oder anderes Instrument spielen immer auf 1. + 3. des Taktes E und H. Tiefe Trommeln oder Pauken schlagen den Takt auf den 2. + 4. Schlag.

6. Der Erd und Himmel hat gebaut,
hat alles uns nur anvertraut,
daß alles, was da lebt, ihn preist
und liebt und lobt und Vater heißt.
Wer Gott danken kann, ist ein reicher Mann,
Gottes Nähe wird er sehn,
Freud und Leid wird er bestehn.
Wer Gott danken kann – denkt alle daran!

Abrahams Aufbruch

2. Abraham:
So viele Stern am Himmel stehn,
so viele Kinder werd' ich sehn.
So viele Stern am Himmel stehn,
so viele Kinder werd' ich sehn.
Heute noch unbekannt
zeig ich dir neues Land.
Heute noch unbekannt
zeig ich dir neues Land.
So viele Stern am Himmel stehn,
so viele Kinder werd' ich sehn.
So viele Stern am Himmel stehn,
so viele Kinder werd' ich sehn.

Lot:
Warum in die Fremde ziehen?
Hast viel Herden hier im Land.
Später will ich für dich sorgen,
ich bin doch mit dir verwandt.
Bleibe hier, bleibe hier,
schone doch Mensch und Tier!
Bleibe hier, bleibe hier,
schone doch Mensch und Tier!

3. Abraham:
Ich denke nicht an mich allein.
Ich soll der Welt zum Segen sein.
Ich denke nicht an mich allein.
Ich soll der Welt zum Segen sein.
Heute noch unbekannt
zeig ich dir neues Land.
Heute noch unbekannt
zeig ich dir neues Land.
Ich denke nicht an mich allein.
Ich soll der Welt zum Segen sein.
Ich denke nicht an mich allein.
Ich soll der Welt zum Segen sein.

Elieser:
Warum in die Fremde ziehen?
Du wirst heimatlos gemacht!
Ohne Vaterland und Freunde
bist du rechtlos und verlacht.
Bleibe hier, bleibe hier,
schone doch Mensch und Tier!
Bleibe hier, bleibe hier,
schone doch Mensch und Tier!

4. Abraham:
Der Herr mir seinen Segen gibt.
Drum brech' ich auf, wie's ihm beliebt.
Der Herr mir seinen Segen gibt.
Drum brech' ich auf, wie's ihm beliebt.
Heute noch unbekannt
zeig ich dir neues Land.
Heute noch unbekannt
zeig ich dir neues Land.
Der Herr mir seinen Segen gibt.
Drum brech' ich auf, wie's ihm beliebt.
Der Herr mir seinen Segen gibt.
Drum brech' ich auf, wie's ihm beliebt.

(Kreative Hinweise siehe folgende Seiten) ▶

Biblischer Bezug: 1. Mose 12–21, Abrahamsgeschichte

Thema/Kirchenjahr: Aufbruch – Neuanfang – Gottvertrauen – Segen
Schulanfang – Neujahr

Kreative Ideen:

1. Liedbilderbuch

Das Lied hat weniger Text, als man denkt, kann also auch schon von den Kleinen gut behalten werden. Die Zwischenverse »Heute noch unbekannt ...« und »Bleibe hier, bleibe hier« bleiben unverändert. Die anderen Texte kann man leicht durch Bilder darstellen, die mit den Kindern auf große Plakate gestaltet werden.

Vers 1: a) Abraham allein. Er horcht.
b) Sara und Abraham. Zwei alte Leute.

Vers 2: a) Sternenhimmel. Auf ein schwarzes Plakat kleben wir gelbe/goldene Faltsterne.
b) Herde. Auf ein grünes Plakat kleben wir viele Schafe.

Vers 3: a) Weltkugel
b) Einer steht allein im Regen

Vers 4: a) Abraham, Sara und Tiere im langen Zug.

2. Polonaise

A	Die Stimme sprach: Nun folge mir, zieh, Abraham, hinweg von hier! Die Stimme sprach: Nun folge mir, zieh, Abraham, hinweg von hier!	*Die Leiterin/der Leiter geht voraus, wir legen dem Kind vor uns beide Hände auf die Schulter. So gehen wir mit schnellen Schritten (Viertel) verschiedene Wege durch den Raum.*
B	Heute noch unbekannt zeig ich dir neues Land	*drei Schritte vor* *drei Schritte zurück* *drei Schritte vor* *drei Schritte zurück*
C	Die Stimme sprach: …	wie **A**
D	*Sara:* Warum in die Fremde ziehen? Wir sind alt und kinderlos. Wem soll das zugutekommen? Ach, die Stimme täuscht dich bloß!	*Wir drehen uns um 90 Grad und stehen nebeneinander. Wir wiegen im Takt (Halte) vom linken auf den rechten Fuß.*
E	Bleibe hier, …	wie **B**

Diese Polonaise kann man nur tanzen, wenn die Kinder den Text auswendig können. Man kann sich aber auch auf Vers 1 beschränken, dann muß nach Teil E wieder Teil A folgen.

David und Goliat

LIED 1:

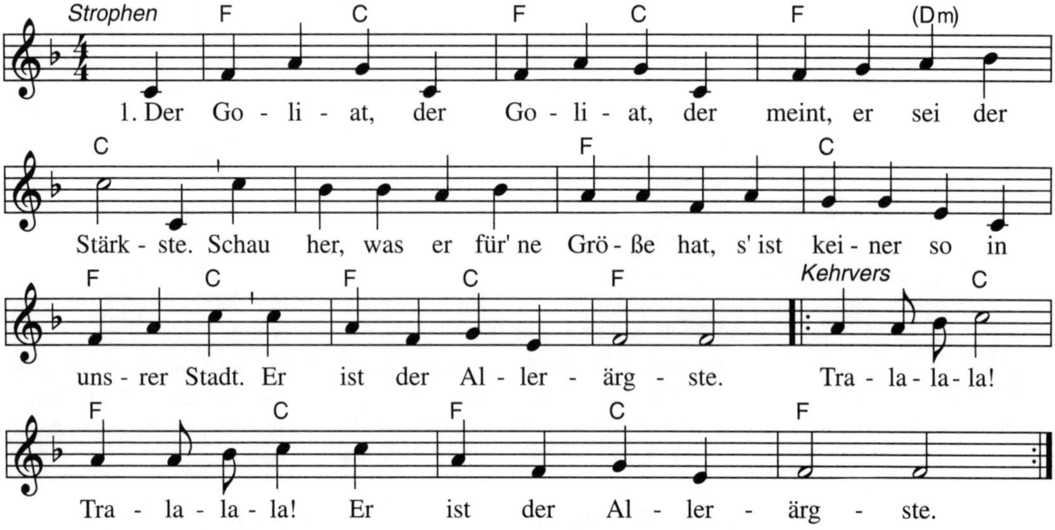

2. Der Goliat, der Goliat, der meint, er sei der Stärkste.
Schaut her, was der für Muskeln hat!
’s ist keiner so in unsrer Stadt.
Er ist der Allerärgste.
|: Tralalala, Tralalala! Er ist der Allerärgste. :|

3. Der Goliat, der Goliat, der meint, er sei der Stärkste.
Schaut her, was der für Waffen hat!
’s ist keiner so in unsrer Stadt.
Er ist der Allerärgste.
|: Tralalala, Tralalala! Er ist der Allerärgste. :|

4. Der Goliat, der Goliat, der meint, er sei der Stärkste.
Schaut her, wieviel der Silber hat!
’s ist keiner so in unsrer Stadt.
Er ist der Allerärgste.
|: Tralalala, Tralalala! Er ist der Allerärgste. :|

5. Der Goliat, der Goliat, der meint, er sei der Stärkste.
Schaut her, was der für’n Großmaul hat!
’s ist keiner so in unsrer Stadt.
Er ist der Allerärgste.
|: Tralalala, Tralalala! Er ist der Allerärgste. :|

6. Der Goliat, der Goliat, der meint, er sei der Stärkste.
Schaut her, wie alles Ehrfurcht hat!
’s ist keiner so in unsrer Stadt.
Er ist der Allerärgste.
|: Tralalala, Tralalala! Er ist der Allerärgste. :|

LIED 2:

LIED 3:

2. Doch der vertraute Gott.
Er sagt: »Gott hört, wie Goliat droht.
Der große Gott kennt unsre Not.
Er ist der große Gott,
er ist der große Gott!«

3. Gott schenkt dem David Mut.
Er fürchtet nicht des Goliat Wut.
Er weiß: »Ich bin in sichrer Hut.
Gott schenkt dem Schwachen Mut,
Gott schenkt dem Schwachen Mut.«

4. Sie bieten ihm ein Schwert,
das große, scharfe Königsschwert.
Doch Stab und Schleuder sind mehr wert,
dem Hirten viel mehr wert,
dem Hirten viel mehr wert.

5. Er hört, wie Goliat schreit:
»Gebt zu, daß ihr verloren seid!«
Und alles zittert weit und breit.
Doch David wagt den Streit,
doch David wagt den Streit.

6. »Was willst du, kleiner Wicht?!
Ich blas dir aus das Lebenslicht!«
Doch David lacht und zittert nicht.
»Ich fürcht dein Großmaul nicht,
ich fürcht dein Großmaul nicht!«

7. Ein kleiner Kieselstein
trifft Goliat ins Hirn hinein,
ins riesengroße Hirn hinein,
ein kleiner Kieselstein,
ein kleiner Kieselstein.

8. Der Feind erschrickt und flieht.
Und David singt sein Siegeslied:
»Groß ist Gott, der das Kleine sieht,
das Kleine liebt und sieht,
das Kleine liebt und sieht!«

▶ ▶ ▶

Begleitsatz zu Lied 1

Begleitsatz zu Lied 2

▶ ▶ ▶

Begleitsatz zu Lied 3

Biblischer Bezug: 1. Samuel 17, David besiegt Goliat

Thema/Kirchenjahr: Klein und groß – Angst und Mut
Gottvertrauen
Schulanfangsgottesdienst

Kreative Idee: **Kleines Singspiel**

Mit den Sätzen kann man die Lieder mit mehreren Melodieinstrumenten und/oder Klavier/Keybord begleiten.
Die Sätze können auch 2–3stimmig gesungen werden.
Vielleicht hat die Begleitband Lust, ihre Begleitung auf Kassette aufzunehmen, dann hat man für die Kinder eine Play-back-Version.

Darstellung

LIED 1: Die Sänger/innen stehen im Halbkreis um Goliat. Goliat stellt die Aussagen der Verse bildlich dar: Größe, Muskeln, Waffen, Geld, Großmaul. Bei Vers 6 verbeugen sich alle vor Goliat.

LIED 2: David kauert in der Mitte des Halbkreises. Die Sänger/innengruppe zeigt mit den Fingern auf ihn.

LIED 3: Alle stehen im Halbkreis. Bei den letzten vier Takten wird bei Vers 1, 3, 5, 7 das Kleine durch Zeigen nach unten, bei Vers 2, 4, 6, 8 die Größe durch Zeigen nach oben dargestellt.

Jesus ist das Licht der Welt

2. Jesus ist das Licht der Welt. Will auf dieser Erden
   als Marias armes Kind uns zum Bruder werden.
3. Jesus ist das Licht der Welt. Engel singen Lieder.
   Hell wird's überm dunklen Feld. Hirten fallen nieder.
4. Jesus ist das Licht der Welt, heller als die Sterne.
   Könige in seinem Glanz brechen auf von ferne.
5. Jesus ist das Licht der Welt. Wollt ihr ihn nicht ehren?
   Auch des mächtgen Königs Zorn kann ihn nicht versehren.
6. »Jesus ist das Licht der Welt« sollst du weitersagen
   und sein Licht, das dich erhellt, zu dem andern tragen.

Verse 5 bis 8 zum Lied auf der rechten Seite

5. Wie wenig schafft die Liebe, was hilft, *barmherzig* sein?
   Ein jeder hilft sich selber, und lebt für sich allein.
   /: Freuet euch, freuet euch, Christus ist geboren! :/
   Freut euch! Gott sucht Erbarmen als Kind im armen Stall
   und trägt in seiner Güte uns und das ganze All.
   /: Freuet euch, freuet euch, Christus ist geboren! :/

6. Wer macht uns von der dunklen und schweren Knechtschaft los?
   Ach, sind denn Schuld und Schande so mächtig und so groß?
   /: Freuet euch, freuet euch, Christus ist geboren! :/
   Freut euch! Seht auf die Krippe, damit euch nicht mehr graut.
   Den ew'gen *Gott wird schauen*, wer ganz dem Kind vertraut.
   /: Freuet euch, freuet euch, Christus ist geboren! :/

7. Wir wollen Frieden schaffen, doch richten wir nichts aus.
   Gewalt regiert die Völker und oft das eigne Haus.
   /: Freuet euch, freuet euch, Christus ist geboren! :/
   Freut euch! Gott will versöhnen mit sich die ganze Erd.
   Er kam in unsre Mitte, daß durch ihn *Friede* werd.
   /: Freuet euch, freuet euch, Christus ist geboren! :/

8. Geschlagen und gefangen, *verfolgt* und stummgemacht –
   so sind wir Gottes Zeugen. Nimmt er uns noch in acht?
   /: Freuet euch, freuet euch, Christus ist geboren! :/
   Freut euch, denn was ihr leidet, kann nicht vergeblich sein
   Christus ist auferstanden, auch ihr seid nicht allein.
   /: Freuet euch, freuet euch, Christus ist geboren! :/

Freut euch, Christus ist geboren

2. Uns hat das Leid getroffen, der Tod kam uns ins Haus
und löschte für uns alle das Licht der Freude aus.
/: Freuet euch, freuet euch, Christus ist geboren! :/
Freut euch! Die *Leide tragen*, die tröstet Gottes Macht.
Am Kreuz und in der Krippe kam er in jede Nacht!
/: Freuet euch, freuet euch, Christus ist geboren! :/

3. Uns drückt man auf die Seite, wir werden übersehn.
Wo können heute Güte und Sanftmut noch bestehn?
/: Freuet euch, freuet euch, Christus ist geboren! :/
Freut euch! Bleibt guten Mutes! Als Kind kam Gott zur Welt,
sanftmütig. Seine Liebe behält zuletzt das Feld.
/: Freuet euch, freuet euch, Christus ist geboren! :/

4. Gibt es für uns noch Hoffnung? Weltweit ist unsre Not.
Weltweit ist heut der Hunger nach Freiheit, Recht und Brot.
/: Freuet euch, freuet euch, Christus ist geboren! :/
Freut euch, ihr, die ihr *hungert nach der Gerechtigkeit*.
Nun wird das Kind regieren, das Kind, das uns befreit.
/: Freuet euch, freuet euch, Christus ist geboren! :/

(Verse 5 bis 8 siehe linke Seite)

Zwei Weihnachtslieder – Ein kleines Singspiel

Biblischer Bezug: Johannes 8,12, Jesus das Licht der Welt
Lukas 2, Matthäus 2
Matthäus 5,3–11

Thema/Kirchenjahr: Jesus ist das Licht der Welt / Weihnachten

Kreative Idee: **Familiengottesdienst / Weihnachtsfeier mit Singspiel**

Daß Jesus das Licht der Welt ist, wird hier in Verbindung mit den Seligpreisungen verdeutlicht. Ein lebendes Krippenbild stellt die Geburt Jesu dar. Die acht Seligpreisungsgruppen sind im Kirchenraum um die dort versammelte Gemeinde verteilt. Eine Lichtgruppe löst sich aus dem Krippenbild, entzündet an dem in der sonst leeren Krippe aufgestellten Licht ihre Kerzen und geht der Reihe nach auf die einzelnen Seligpreisungsgruppen zu, an deren Kerzen das Krippenlicht weitergegeben wird. Zuletzt ist die Gemeinde ganz vom Licht umgeben.

Die Vorbereitung

Je mehr sich die Kinder ihre Aufgabe schon vor der Christfeier eingeprägt haben, desto besser. Die Einfachheit des Stücks soll der Darbietung zugutekommen. Kinder und Helfer sollen damit so vertraut sein, daß sie es unbefangen wiedergeben können. Das Lied »Jesus ist das Licht der Welt« und der Ruf »Freuet euch, Christus ist geboren« dürften wenig Schwierigkeiten machen. Die Lichtgruppe hat mit ihrem »Freut euch, ihr geistlich Armen« und den entsprechenden anderen Versen schon mehr zu tun, auch die Seligpreisungsgruppe mit dem »Der Glaube unsrer Väter«.
In der Feier selbst wird mit der ganzen Gemeinde am besten nur »Freuet euch, Christus ist geboren« eingeübt, einmal bewußt leise, dann einmal bewußt kräftig; die Kinder singen es einmal vor.
Die Begleitung kann von der Orgel oder von einem anderen Tasteninstrument übernommen werden.
Wer eine Flöte, Violine, Trompete oder ein Cello spielen kann, ist herzlich willkommen.
Orff'sche Instrumente beleben das Ganze. Alle Instrumente vereinigen sich, wenn die Gemeinde »Freuet euch ...« singt. Beim Umzug der Lichtgruppe gehen auch Blockflöten mit.

Sonstiges: Wieviel Kinder stehen zur Verfügung? Lassen wir einen Vers weg? Kann man Seligpreisungsgruppen bzw. Lichtgruppen mit einem/r geschickten Einzelsänger/-in besetzen?
Die Möglichkeiten, das Singspiel durch Bilder (Dias oder Plakate) zu unterstreichen, sind vielfältig, zugleich aber auch von der Einzelsituation abhängig. Genügend Textblätter sind hoffentlich zur Hand. Die Kerzen dürfen nicht zu klein sein (Brenndauer) und sollten mit einem Handschutz versehen werden.

Die Darbietung

Nach der Eingangsliturgie stellt der Leiter/die Leiterin die leere Krippe in den Altarraum. Wo ist das Krippenkind? Der Leiter/die Leiterin entzündet die Kerze in der Krippe und führt das Thema »Jesus ist das Licht der Welt« ein, in Verbindung damit den Ruf »Freuet euch, Christus ist geboren!« Danach wird das Lied »Jesus ist das Licht der Welt« gesungen. Die Gestalten des Krippenbildes nehmen nun ihre Plätze ein: Einzug von hinten durch den Mittelgang. Auch die Seligpreisungsgruppen stellen sich auf. Aber noch darf außer der Kerze in der Krippe keine andere Kerze brennen.

Das Lied »Jesus ist das Licht der Welt« kann nach dem 5. Vers unterbrochen werden. Der Leiter/die Leiterin zeigt, daß das Licht der Welt nicht nur zu uns, sondern auch durch uns unterwegs sein will.

Ist eine Ansprache vorgesehen, erfolgt sie an dieser Stelle.

Während der letzte Vers vom Lied »Jesus ist das Licht der Welt« gesungen wird, zündet die Lichtgruppe ihre Kerzen am Krippenlicht an und macht sich auf den Weg zur ersten Seligpreisungsgruppe. Die Seligpreisungsgruppe singt dann »Der Glaube unserer Väter ...« Die Lichtergruppe antwortet mit dem Rest des Verses – wobei beim zweiten »Freuet euch ...« die ganze Gemeinde mitsingt – und zündet die Kerzen der Seligpreisungsgruppe an. Nun zieht die Lichtergruppe weiter zur zweiten Seligpreisungsgruppe usw.

Wenn bei allen Seligpreisungsgruppen die Kerzen brennen, singen alle mit der Gemeinde noch einmal das Lied »Jesus ist das Licht der Welt« – nun im kerzenhellen Raum.

Mit Gebet, Vaterunser, Schlußlied und Segen kann dann die Feier schließen. Es ist gut möglich, zu Beginn noch eine kurze Lesung und ein weiteres Lied einzufügen, damit auch das jung und alt vertraute Liedgut zu seinem Recht kommt.

Die Berufung des Petrus

2. Tritt Jesus ans Ufer. Sie sehen nicht auf.
Mit großem Gedränge viel Volks strömt zuhauf.
Und sieh! Schon hat Jesus die Fischer erblickt.
»Fahrt weg mich vom Ufer! Hier werd ich erdrückt!«
Folge mir nach, folge mir gleich!
Sei du Fischer für mein Reich!
Folge mir nach, folge mir gleich,
Fischer für mein Reich!

3. »Steig ein in das Boot, Herr, wir helfen dir gern!«
Vielleicht gibt's ein Fährgeld heut von diesem Herrn?
Sie hören verwundert die Botschaft vom Reich.
Zuletzt sagt er: »Werfet das Netz aus sogleich!«
Folge mir nach, folge mir gleich! ...

4. »Wir haben«, spricht Petrus, »vergeblich gefischt
von abends bis morgens; ist alles entwischt.
Man fischt nicht am Tage, man fischt nur bei Nacht!
Doch wollen wir tun, Herr, wie dein Wort gesagt.«
Folge mir nach, folge mir gleich! ...

(Verse 5 und 6) ▶

Biblischer Bezug: Lukas 5,1–11, Wunderbarer Fischzug

Thema/Kirchenjahr: Nachfolge

Kreative Idee:

1. Ballade mit Vorsänger/in und Chor

Das Lied ist anspruchsvoll in Text und Melodie. Es kann sehr eindrucksvoll vorgesungen werden, wenn eine Solistin/ein Solist die Strophen vorträgt und alle im Chor mit »Folge mir nach . . .« antworten. Die Vorsängerrolle kann auch von einer Gruppe übernommen werden.

2. Diareihe zum Lied

Zu diesem Lied kann man auch eine Diareihe selbst gestalten. Von den verschiedenen Techniken nenne ich eine: Man kann auf hochtransparentes Zeichenpapier mit feinen Filzstiften malen. Besonders gut wirkt, die Konturen mit einem Fine-liner schwarz zu umranden. Für Diamalen sind die großen Diarähmchen (Bildausschnitt 40 × 40 mm) sinnvoll.

5. Die Netze sich füllen! Schon sinkt fast das Schiff.
Sie haben mit Mühe die Netze im Griff.
Da wirft auf die Kniee sich Petrus verstört:
»Geh fort von mir, Jesus! Dein bin ich nicht wert!«
Folge mir nach, folge mir gleich! . . .

6. »Geh fort von mir, Jesus, kann nicht bei dir sein,
du segnest den falschen. Bin schlecht und nicht rein!«
»Ich will dich nicht lassen, ich rufe dich heut!
Sollst Menschen gewinnen. Bleib Fischer allzeit!«
Folge mir nach, folge mir gleich! . . .

Petrus, lauf nicht weg!

2. Während andre dich erkannten
dort im Hof, stand er in Banden
als der Zeuge vor Gericht,
und sprachst: »Ich kenn ihn nicht!«
Lauf nicht weg, lauf nicht weg,
bleibe nicht allein,
andre brauchen dich,
brauchen dich als Stein!
Lauf nicht weg, lauf nicht weg,
bleibe nicht allein,
andre brauchen dich als Stein!

3. Warum mußtest du noch schwören?
Einen wollten wir gern hören,
der wahr über Jesus spricht!
Doch du sagst: »Ich kenn ihn nicht!«
Lauf nicht weg, lauf nicht weg ...

4. Während sie ihr Urteil sprechen,
willst du mit dem Meister brechen,
sagst, noch eh der Tag anbricht,
dreimal: »Nein, ich kenn ihn nicht!«
Lauf nicht weg, lauf nicht weg ...

5. Sieh, da steht dein Herr gebunden,
Folter schlug ihm tiefe Wunden,
doch von oben flutet Licht.
Ob er sagt: »Ich kenn dich nicht!«
Lauf nicht weg, lauf nicht weg ...

6. Schau ihn an. Er ist dein Leben,
stirbt für dich, will dir vergeben,
sagt – welch gnädiges Gericht! –
zu der Schuld: »Ich kenn dich nicht!«
Lauf nicht weg, lauf nicht weg ...

(Text: Maria Hermann)

Biblischer Bezug: Lukas 22,47–62, Verleugnung des Petrus

Thema/Kirchenjahr: Freundschaft – Schuld und Vergebung – Passion

Kreativer Umgang: **Bildbetrachtung und Bildmeditation**

(Dieser Vorschlag eignet sich auch für einen Familiengottesdienst, eine Passionsandacht oder einen Schulgottesdienst vor den Osterferien.)

Wir schauen die farbige Bildkarte »Verleugnung des Petrus« von Hans-Georg Anniès an (erhältlich zum Preis von 1,00 DM – Mengenpreise – unter der Bestellnummer A 011 beim Verlag Junge Gemeinde).

Nach der stillen Betrachtung des Bildes und eventuell einem Gespräch über die Eindrücke lernen wir das Lied.

Für die folgende Meditation haben wir das Bild auf DIN A4 vergrößert auf Folie kopiert (auch schwarz-weiß sehr eindrucksvoll). Wir haben die Folie wie in den folgenden Bildausschnitten zerschnitten.

Meditation

Du bist auch einer von denen ...!

Da stehen die drei Frauen – auf diesem Bild.
Sie zeigen auf Petrus,
und sie zeigen auf Jesus, der die Dornenkrone trägt
und dessen Hände gebunden sind.
Sie machen trübe Gesichter.
Es gefällt ihnen nicht, was sie gesehen haben
und was sie zu sehen bekommen.
»Du bist doch auch einer von ihnen.
Du sprichst, wie die Galiläer sprechen.
Du gehörst ganz bestimmt zu den Freunden Jesu.«
Bevor Petrus nachdenken kann,
hört er bereits seine erschrockene Stimme:
»Ich schwöre es.
Ich kenne diesen Menschen nicht.«
So geschieht es.
So geschieht es nicht einmal, nicht zweimal,
sondern dreimal.
Dreimal leugnet Petrus, Jesus zu kennen.
Dreimal schwört er und verflucht sich gar.
Dreimal distanziert er sich von Jesus,
bevor er überhaupt nachdenkt.
Deshalb sind es drei Frauen auf diesem Bild.
Die Frauen reden mit ihren Händen:
Du und dieser Jesus, ihr gehört doch zusammen.
Möchtest du nicht mehr zu ihm gehören?
Läufst du ihm davon, weil er sich hat gefangennehmen lassen?
Läufst du ihm davon, weil er nicht zurückschlägt?
Läufst du ihm davon, weil es in die Gefangenschaft geht?
Läufst du ihm davon,
weil dein Herr auf einmal nichts mehr gilt?
Oder läufst du ihm davon, weil du Angst hast?
Wovor hast du Angst?
Hast du Angst um dich selbst?
Oder fürchtest du einfach eine Welt,
in der einer nicht zurückschlägt?
Warum läufst du davon?
Warum leugnest du deinen Herrn?
Warum sagst du: »Ich kenne ihn nicht!«
Warum?
Die Welt braucht doch Menschen,
die sich zu Jesus bekennen.
Du möchtest es.
Tu es doch.

Die Gesichter der Frauen sind so traurig
weil niemand sich zu Jesus bekennt.
Wie soll sich in unserer Welt etwas ändern,
wenn alle davonlaufen?
Wie soll sich in unserer Welt etwas ändern,
wenn selbst ein Petrus Jesus nicht mehr versteht?

— Wir singen Vers 1 und 2 des Liedes —

Der Hahn

Da steht er auf der Mauer
– mitten in der Nacht.
Ein stolzer Hahn.
Der Hals ist ausgestreckt.
Er kräht.
Er kräht, so wie er es immer tut.
Er weiß von nichts.
Er kräht einfach.
Er kräht –
vielleicht, weil es schon Morgen wird.
Er ist eben ein Hahn.
Aber in dieser Nacht ist er mehr.
Jesus hat den Hahn zum Zeichen gemacht.
»Ehe der Hahn kräht, wirst du mich verleugnen!«
So hatte Jesus gesagt.
Petrus hatte es nicht glauben wollen.
Jetzt kräht der Hahn.
Nun hört Petrus nicht nur das Kikeriki.
Jetzt hört Petrus zugleich die Stimme Jesu.
Jetzt wird er wach.
Jetzt gehen ihm die Augen auf.
Jetzt merkt er, was er getan hat.
Es ist ein Glück, wenn einem die Augen aufgehen.
Es ist ein Glück, wenn einem rechtzeitig die Augen aufgehen.
Es ist ein Glück, wenn einem zur rechten Zeit
– ehe ein Unglück zu groß wird –
ein Hahn kräht.
Es ist ein Glück, wenn ein Hahn einen Menschen
zur Besinnung ruft.
Wohl dem Menschen, der Freunde hat
oder der das Glück hat, zu stolpern und wach zu werden.
Wohl dem Menschen, dem rechtzeitig ein Hahn kräht.
Petrus kräht der Hahn.
Es ist ein Zeichen des Erbarmens Jesu,
daß ihm so die Augen aufgehen.
Auch jetzt, wenn er bereits verleugnet hat.

— Wir singen Vers 3 des Liedes —

Petrus weint

Petrus weint bitterlich.
Jesus hat ihn freundlich angesehen,
als er aus dem Palast des Hohen Priesters trat.
Da konnte Petrus weinen.
Man hat Mitleid mit dem Petrus,
der fast wie ein Kind aussieht.
Die Hände vors Gesicht geschlagen
scheint er aus dem Hof hinauszugehen.
Er steht noch im Licht Jesu.
Geht er auch aus dem Licht Jesu hinaus?
Petrus weint bitterlich.
Er kann weinen.
Der Mann kann weinen, wie ein Kind.
Er kann traurig sein über das, was er getan hat.
Er kann traurig sein über das, was er versäumt hat.
Wer weinen kann, hat Glück.
Wer weinen kann, der kann zu seinem Unrecht stehen.
Wer weinen kann, der kann auch wieder neu anfangen.
Petrus kann weinen, weil ihm der Hahn gekräht hat
und weil Jesus ihn freundlich angesehen hat.
Jesus sieht freundlich auf die, die seine Schüler sein wollen.
Jesus sieht freundlich auf die, die ihn verleugnen.
Seine Liebe ist größer als unser Eifer.
Seine Liebe hört noch nicht auf, wo wir versagen.
Petrus hat noch eine Chance,
weil Jesus ihn nicht aufgibt.
Wir haben noch eine Chance,
weil Jesus uns nicht aufgibt.

— Wir singen Vers 4 des Liedes —

Jesus

Da steht Jesus in der Tür –
in der Tür des Palastes des Hohen Priesters.
Mit großen Augen,
mit der Dornenkrone auf dem Haupt,
mit gebundenen Händen.
Das Licht scheint von Jesus
– oder aus dem Haus –
durch den ganzen Hof.
Petrus ist in diesem Licht.
Das Licht verbindet Jesus und Petrus wie ein goldener Strom.
Der leidende Jesus – man kann es an den Händen sehen –
ist ein segnender Jesus.
Der segnende Jesus blickt auf den Jünger, der versagt hat.

So ist Jesus.
Er leidet für seine Jünger.
Er leidet für seine Welt.
Und er bleibt voller Erbarmen.
Das Leiden wird sichtbar an der fürchterlichen, dornigen Krone.
Zum Spott hat man sie ihm aufgesetzt.
Lachen soll man darüber.
Aber sie ist zum Ehrenzeichen geworden.
Er trägt die Krone.
Er trägt die Krone mit Dornen.
Er trägt die Krone, der nicht andere leiden läßt,
sondern selber leidet.
Das unterscheidet Jesus von allen Großen unserer Welt.
Das unterscheidet Jesus von allen gekrönten Häuptern:
Er trägt die Dornenkrone.
Die gebundenen Hände Jesu
sind auf diesem Bild segnende Hände.
Der leidende Christus ist ein segnender Christus.
Der leidende Christus
will für alle Gottes Güte sichtbar und wirksam machen.
Das Licht, das leuchtet, erinnert an Ostern.
Das Licht, das leuchtet, erinnert daran:
Gott wird die Nacht hell machen.
Gott macht aus dem Jesus, der am Kreuz stirbt,
den, der am Ostermorgen auferweckt wird.
Gott gibt dem Jesus, der die Dornenkrone trägt
und segnende Hände hat, ganz und gar recht.
Das ist unser Glück.

— *Wir singen Vers 5 und 6 des Liedes* —

(Text der Meditation: Eberhard Dieterich)

Osterlied

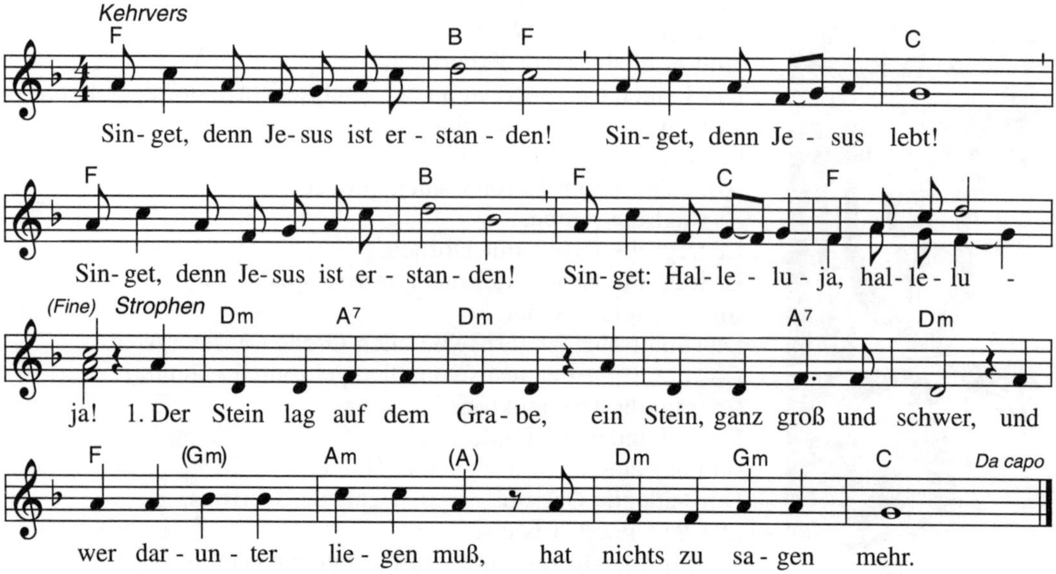
Kehrvers
F B F C
Sin- get, denn Je- sus ist er - stan - den! Sin- get, denn Je - sus lebt!
F B F C F
Sin- get, denn Je- sus ist er - stan- den! Sin- get: Hal- le - lu - ja, hal- le- lu -
(Fine) Strophen Dm A7 Dm A7 Dm
ja! 1. Der Stein lag auf dem Gra- be, ein Stein, ganz groß und schwer, und
F (Gm) Am (A) Dm Gm C Da capo
wer dar - un - ter lie - gen muß, hat nichts zu sa - gen mehr.

Kehrvers
Singet, denn Jesus ist erstanden! Singet, denn Jesus lebt!
Singet, denn Jesus ist erstanden! Singet: Halleluja, Halleluja!

2. Doch einer blieb nicht drunten, der ganz im Tode war:
Der Herr, der für uns auferstand. Drum singt der Jünger Schar:
Singet, denn Jesus ist erstanden …

3. Zum toten Jesus wollten drei Frauen in der Früh.
Das Grab ist leer! Sie sind entsetzt. »Wo ist er?« fragen sie.
Singet, denn Jesus ist erstanden …

4. »Der Herr ist auferstanden, zum Leben brach er auf!«
Zur Kanzel wird der Grabesstein. Ein Engel setzt sich drauf.
Singet, denn Jesus ist erstanden …

5. Es wachten die Soldaten am Grab mit dem Befehl:
»Daß Jesus ja im Grabe bleibt! Und weicht nicht von der Stell!«
Singet, denn Jesus ist erstanden …

6. Daß Jesu Sache tot sei, das wollten viele gern.
Doch halten Schwert und Haß nicht auf den auferstandnen Herrn.
Singet, denn Jesus ist erstanden …

7. Am Ostermorgen waren zwei Jünger auf dem Weg.
»Der Herr ist tot! Wir gehen heim! Der Glaube hat kein'n Zweck!«
Singet, denn Jesus ist erstanden …

8. Doch Jesus bricht mit ihnen das Brot und lädt sie ein:
»Versteht die Schrift! Hört, was sie sagt! Mein Kreuz, das mußte sein.«
Singet, denn Jesus ist erstanden …

9. Er sendet seine Jünger, nimmt Petrus wieder an.
»Nun weide meine Schafe du!« trotz dem, was er getan.
Singet, denn Jesus ist erstanden …

10. Zuletzt kommt er zu Thomas, verwirft den Zweifler nicht.
»Nicht sehen und doch glauben bringt auch dir das Osterlicht.«
Singet, denn Jesus ist erstanden …

(Kreative Hinweise siehe folgende Seiten) ►

Biblischer Bezug:

Das Lied erzählt die in den vier Evangelien überlieferten Oster-geschichten:
Markus 16,1–8 Verse 3+4
Matthäus 27,62–66 Verse 5+6
Lukas 24,13–35 Verse 7+8
Johannes 21,15–17 Verse 9+10
Johannes 20,24–31

Thema/Kirchenjahr:

Auferstehung – Ostern
Petrus

Hinweis:

Je nach dem, welche der Ostergeschichten erzählt wurde, kann man Verse auswählen und weglassen.

Als Gemeindelied kann man das Lied auch in folgender Textfassung singen:

Singet, denn Jesus ist erstanden! Singet, denn Jesus lebt!
Singet, denn Jesus ist erstanden! Singet: Halleluja, halleluja!

1. Der Stein lag auf dem Grabe,
   ein Stein, ganz groß und schwer,
   und wer darunter liegen muß,
   hat nichts zu sagen mehr.

Kehrvers

2. Es gibt noch viele Steine
   aus Sorge, Schuld und Leid.
   Doch Jesus, der heut auferstand,
   der hat auch uns befreit.

Kehrvers

3. Doch kann der Stein ihn halten,
   den Herrn, der auferstand?
   Er mag so groß sein, wie er will:
   Gott hat ihn in der Hand.

Kehrvers

Kreative Idee:

1. Klatschen/Klanghölzer

Der Kehrvers lädt dazu ein, mitzuklatschen oder mit Klanghölzern zu begleiten. Schön ist es, auf die Taktschläge 2 und 4 zu klatschen.

2. Darbietung im Familiengottesdienst

Das Lied gibt das Osterzeugnis der vier Evangelisten wieder. Entsprechend kann man das Lied mit vier Kindergruppen vorsingen, die aus vier Ecken der Kirche singen. Jede Gruppe hat ein Schild mit dem Symbol ihres Evangelisten. Den Refrain singen alle, ebenso Vers 1 + 2.

Verse 1 + 2	Einleitung
Verse 3 + 4	Markus (Löwe)
Verse 5 + 6	Matthäus (Mensch)
Verse 7 + 8	Lukas (Stier)
Verse 9 +10	Johannes (Adler)

3. Ein kleines Petrus-Singspiel

Aus den 3 Petrusliedern dieses Buches kann man ein kleines Singspiel zusammenstellen, das vom Leben des Apostels erzählt:
»Sie kehren am Morgen« (Seite 46), Berufung
»Petrus, du warst schlecht beraten« (Seite 48), Verleugnung
»Singet, denn Jesus ist erstanden« (Seite 54), Neuberufung

Ein Mann lebt in Kapernaum

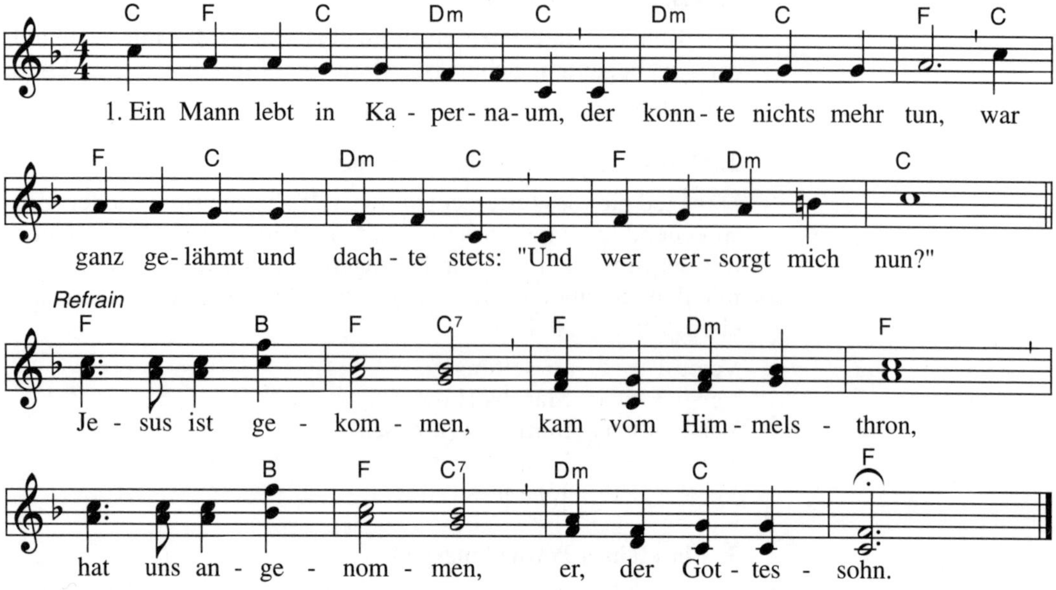

2. Zugrundegegangen wär er längst in dieser großen Stadt;
doch lebt er und ist nicht allein, weil er noch Freunde hat.
Jesus ist gekommen, kam vom Himmelsthron.
Hat uns angenommen, er, der Gottessohn.

3. Und diese Freunde hörten mal von Jesus wie von fern:
»Er zieht als Helfer durch das Land, und jedem hilft er gern«.
Jesus ist gekommen ...

4. Sie sagten zu dem kranken Mann: »So elend du auch bist,
wir tragen dich samt deinem Bett dorthin, wo Jesus ist«.
Jesus ist gekommen ...

5. Gesagt, getan. Dort ist das Haus. Doch leider ganz besetzt!
Und draußen drängen sich noch mehr. Die Freunde sind entsetzt.
Jesus ist gekommen ...

6. »Ihr kommt zu spät. Die Tür ist zu. Geht heim!« – ein jeder sprach.
»Nein! Kommen wir nicht durch die Tür, dann steigen wir aufs Dach!«
Jesus ist gekommen ...

7. »Hackt auf das Dach! Wenn einer schimpft, dann soll er! Fangt gleich an!
Wir zahlen's gern. Doch woll'n wir sehn, wie Jesus heilen kann.«
Jesus ist gekommen ...

8. Die drinnen meinen, daß der Herr nur ihnen ganz gehört.
Da kracht's. »Was ist dort oben los?« Die Andacht ist gestört.
Jesus ist gekommen ...

9. Und schon schwebt der gelähmte Mann von oben in den Saal
samt seinem Bett. Kommt endlich nun das Ende seiner Qual?
Jesus ist gekommen ...

10. Und Jesus sieht den Kranken an. Der liegt ihm fast im Schoß.
»Das Beste, das ich hab, ist dein: Sei deiner Sünden los!«
Jesus ist gekommen ...

11. »Soll die Vergebung alles sein?« hat mancher Freund gedacht.
»Er hat die Sünden längst gebüßt mit Schmerzen Tag und Nacht.«
Jesus ist gekommen ...

12. Die andern denken bei sich selbst: »So etwas darf nicht sein!
Weiß Jesus, was Vergebung ist? Sie schenkt nur Gott allein!«
Jesus ist gekommen ...

13. Doch nun zeigt Jesus seine Macht, vom Vater ihm verliehn:
»Steh auf und nimm dein Bett! Du sollst gesund nach Hause ziehn!«
Jesus ist gekommen ...

14. Es gibt kein größres Wunder als daß Jesus Schuld vergibt.
Er starb am Kreuz, nimmt alle an. Er rettet, weil er liebt.
Jesus ist gekommen ...

15. Als andres Wunder zeigt der Herr für uns und unsre Zeit,
daß Gott uns für die andern braucht. Macht euch dafür bereit!
Jesus ist gekommen ...

16. Und ganz gewiß kommt einst der Tag, dann gibt's nicht Not, nicht Leid.
Dann wird sein Wort ganz eingelöst, und wir sind ganz befreit.
Jesus ist gekommen ...

Vorspiel/Begleitsatz

Zwischenspiel

►►►

Biblischer Bezug: Markus 2,1–12, Heilung des Gichtbrüchigen

Thema/Kirchenjahr: Krankheit – Behinderung – Heilung
Freundschaft
evtl. Weihnachten

Kreative Idee:

1. Vorspiel – Begleitsatz – Zwischenspiel

Die Wahl der Melodieinstrumente ist freigestellt. Gibt es keine Flöten-, Geigen-, Trompeten- o. a. -spieler/innen, kann die Instrumentalstimme auch gepfiffen oder gesummt werden.

2. Darstellung in Gesten

Die Spielphasen finden hauptsächlich während der Zwischenspiele statt. Dadurch müssen die Kinder nicht gleichzeitig singen und spielen.
Während des *Vorspiels* liegt der Gichtbrüchige auf einer Bahre einsam in der Mitte der Spielfläche.
Die Kinder singen die Strophen 1–4.

Zwischenspiel I: Vier oder sechs Freunde kommen und tragen ihn zur Seite, während nun in der Spielflächenmitte das »Haus« aufgebaut wird. Dazu reichen sich zwei Kinder mit zugewandtem Gesicht die weit ausgestreckte Hand. Das »Volk« setzt sich, den Rücken zur Gemeinde, vor das Haus.
Während der folgenden Strophen 5–9 sucht einer der Freunde Einlaß; alle, die er bittet, weisen ihn mit entschiedenen Abwehrgesten fort.

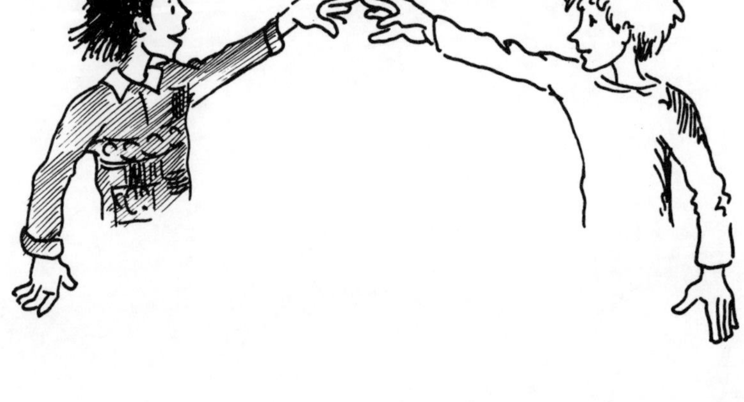

Zwischenspiel II: Die Freunde beraten sich, zeigen auf den versperrten Zugang, auf den Kranken und auf das Dach. Einer von ihnen »hackt das Dach auf«. Bei jedem Schlag sinken die Arme, die das Dach darstellen, etwas tiefer; das »Volk« hält schützend die Hand über den Kopf. Die Freunde tragen den Kranken hinter das Haus, stemmen ihn hoch und lassen ihn langsam nieder.
Wenn das Spiel vor dem *Altar* stattfindet, genügt die Symbolwirkung des Altars bzw. des Paraments, um die Person Jesu darzustellen.
Die Kinder singen die Strophen 10–13.

Zwischenspiel III: Der Kranke erhebt sich langsam, bewegt staunend die Finger und Glieder, nimmt seine Bahre (hoch halten!) und singt fröhlich mit.
Die Kinder singen die Strophen 14 + 16.

Der dankbare Samariter

2. Eins, zwei, drei und vier, fünf, sechs und sieben, acht, neun, zehn –
zehn Männer sind's, die ganz entsetzt, zehn Männer sind's, die ganz entsetzt
die schwere Krankheit sehn, die schwere Krankheit sehn.

3. Eins, zwei, drei und vier, fünf, sechs und sieben, acht, neun, zehn –
zehn Männer sind's, die ganz von fern, zehn Männer sind's, die ganz von fern
um Gottes Hilfe flehn, um Gottes Hilfe flehn.

4. Eins, zwei, drei und vier, fünf, sechs und sieben, acht, neun, zehn –
zehn Männer sind's, die Jesus hat, zehn Männer sind's, die Jesus hat
mit Liebe angesehn, mit Liebe angesehn.

5. Eins, zwei, drei und vier, fünf sechs und sieben, acht, neun, zehn –
zehn Männer sind's, an deren Leib, zehn Männer sind's, an deren Leib
ein Wunder ist geschehn, ein Wunder ist geschehn.

6. Eins, zwei, drei und vier, fünf, sechs und sieben, acht und neun –
neun Männer sind's, die ohne Dank, neun Männer sind's, die ohne Dank
sich ihres Lebens freun, sich ihres Lebens freun.

7. Einer, der ein Fremder war, ein einz'ger, ganz allein,
der dankt und lobt und singt und lacht, der dankt und lobt und singt und lacht:
Herr Jesu, ich bin dein, Herr Jesu, ich bin dein!

Biblischer Bezug: Lukas 17,11–19, Heilung der zehn Aussätzigen

Thema/Kirchenjahr: Dankbarkeit – Krankheit und Heilung – Fremde/Ausländer Erntedank

Hinweis: Bei diesem Lied kann es sinnvoll sein, den Text zuerst gemeinsam mehrmals laut zu sprechen.

Kreative Ideen: **1. Geschichte mit Lied erzählen**

Zehn Männer gehen täglich zur Arbeit. Sie arbeiten bei einem Bauern. Sie sind gute Freunde. Sie sind stark und kräftig.
Ihre Arbeit gelingt ihnen gut.
Abends sitzen sie gemütlich zusammen, essen und trinken und singen miteinander fröhliche Lieder.
Auch wir wollen miteinander ein Lied lernen von diesen zehn Männern.

1. *Eins, zwei, drei und vier, fünf, sechs*
und sieben, acht, neun, zehn –
zehn Männer sind's, die Tag für Tag,
zehn Männer sind's, die Tag für Tag
gesund zur Arbeit gehn, gesund zur Arbeit gehn.

Die zehn Männer kommen von der Arbeit. Sie waschen sich am Brunnen.
Da sieht einer einen weißen Fleck auf seiner Haut.
Er erschrickt. Das ist das Zeichen für eine schlimme Krankheit: Aussatz. Die Krankheit ist ansteckend. Alle haben Angst, Aussatz zu bekommen.
Die zehn Freunde haben sich angesteckt.
Alle bekommen Flecken auf der Haut, es werden eiternde Wunden. Ihre Kräfte schwinden. Sie gehen zum Priester, so wie wir zum Arzt gehen würden.
Heute könnte der Arzt diese Krankheit heilen. Aber damals wurden nur selten Menschen vom Aussatz gesund.
Der Priester sagt: »Ihr seid aussätzig. Ihr seid unrein. Ihr müßt verschwinden, dürft nicht mehr bei anderen Leuten wohnen. Wenn Menschen euch begegnen, müßt ihr ›unrein‹ rufen, dann machen alle Leute einen Bogen um euch.«
Ihr könnt euch denken, wie verzweifelt die zehn Männer nun sind. Ihr Lied klingt viel trauriger:

2. *Eins, zwei, drei und vier, fünf, sechs*
und sieben, acht, neun, zehn –
zehn Männer sind's, die ganz entsetzt,
zehn Männer sind's, die ganz entsetzt
die schwere Krankheit sehn, die schwere Krankheit sehn.

▶ ▶ ▶

Lange Zeit leben die zehn Aussätzigen in einer Hütte vor dem Dorf. Sie betteln um Brot. Manche werfen ihnen ein bißchen Essen zu, aber nur von weitem.
Ihre Krankheit wird schlimmer von Monat zu Monat und ihre Traurigkeit auch.
Da kommt Jesus in das Dorf. Alle wollen ihn sehen.
Die zehn Männer stehen abseits.
Sie rufen von ferne: »Jesus, lieber Meister, erbarme dich unser!«

3. Eins, zwei, drei und vier, fünf, sechs
und sieben, acht, neun, zehn –
zehn Männer sind's, die ganz von fern,
zehn Männer sind's, die ganz von fern
um Gottes Hilfe flehn, um Gottes Hilfe flehn.

Jesus sieht die Aussätzigen, die abseits stehen.
Er macht keinen Bogen um sie. Er redet mit ihnen, wie mit den anderen Leuten.
Er geht zu ihnen hin und sagt: »Geht, zeigt euch den Priestern!«

4. Eins, zwei, drei und vier, fünf, sechs
und sieben, acht, neun, zehn –
zehn Männer sind's, die Jesus hat,
zehn Mäner sind's, die Jesus hat,
mit Liebe angesehn, mit Liebe angesehn.

Sollen sie wirklich zum Priester gehen?
Sollen sie ihn fragen, ob sie wieder gesund sind?
Sie vertrauen auf das Wort Jesu und gehen.
Sie merken, wie die Krankheit von ihnen abfällt.
Die Priester schauen sich die Männer genau an: »Ihr seid gesund«, sagen sie, »ihr seid geheilt!«

5. Eins, zwei, drei und vier, fünf, sechs
und sieben, acht, neun, zehn –
zehn Männer sind's, an deren Leib,
zehn Männer sind''s, an deren Leib
ein Wunder ist geschehn, ein Wunder ist geschehn.

Die Männer laufen auf die Straße und tanzen vor Freude.
Sie rennen zurück ins Dorf, zurück zu ihren Freunden und Familien. Jetzt dürfen sie wieder dazugehören. Einer zögert noch. Er denkt nach.
Er will zuerst zu einem ganz anderen Freund gehen.

6. Eins, zwei, drei und vier, fünf, sechs
und sieben, acht, neun, –
neun Männer sind's, die ohne Dank,
neun Männer sind's, die ohne Dank
sich ihres Lebens freun, sich ihres Lebens freun.

Der eine läuft zurück zu Jesus.
Er fällt auf die Knie vor Jesus.
Er dankt Jesus. Er lobt Gott.
Er freut sich mit Jesus. Jesus freut sich mit ihm.
Dann aber wundert sich Jesus:
»Ward ihr nicht zu zehnt? Sind nicht alle zehn gesund geworden?«
Doch der Gesunde lobt Gott, freut sich und singt.
Da sagt Jesus: »Steh auf. Dir hat dein Vertrauen geholfen. Ich freue mich mit dir.«

7. *Einer, der ein Fremder war, ein einz'ger ganz allein,*
der dankt und lobt und singt und lacht,
der dankt und lobt und singt und lacht:
Herr Jesu, ich bin dein, Herr Jesu, ich bin dein!

2. Fingerspiel

Wir zählen gerne mit den Fingern.
Versuchen wir mal, die erste Zeile des Liedes mit den Fingern mitzuzählen. Gar nicht so einfach!
Achtung, bei Vers 6 kommt die Falle!
Bei den Zeilen zwei und drei schnalzen wir mit den Fingern im Takt und beim letzten Vers klatschen wir dazu.

Heiliger Geist

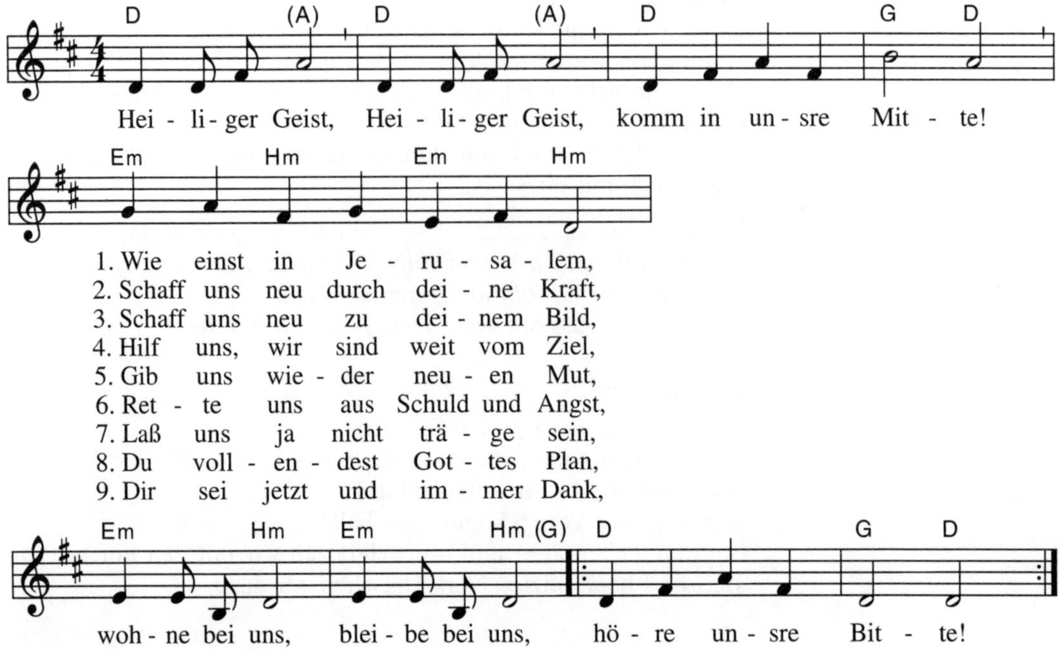

Biblischer Bezug:	Apostelgeschichte 2, Pfingstgeschichte
Thema/Kirchenjahr:	Bitte um den Heiligen Geist Pfingsten, Taufe, Konfirmation
Hinweis:	Wird dieses Lied mit C-Flöten musiziert, muß man es nach F-Dur transponieren
Kreative Idee:	**Weitere Verse erfinden** Wir erzählen die Pfingstgeschichte und überlegen uns Verse zu diesem Lied, die ausdrücken, was der Heilige Geist in der Geschichte bewirkt: z. B. »Du hast Einigkeit geschenkt.« Hier können die Kinder selber ein bißchen dichten. Man kann auch ein Fürbittegebet dichten, in dem man an Menschen erinnert, die besonders Gottes Heiligen Geist brauchen.

Wasser des Lebens

2. Das Wasser weckt im Frühlingslauf
die Saaten und die Blumen auf,
bringt Freude, Leben und Gedeihn.
Wie groß muß Gottes Liebe sein!
Kehrvers:
Jesus, vom Vater zu uns gesandt,
Wasser des Lebens, ströme ins Land!
Jesus, vom Vater zu uns gesandt,
Wasser des Lebens, ströme ins Land!

3. Im Wasser tummelt sich der Fisch.
Das Wasser macht uns morgens frisch.
Was häßlich war, wird wieder rein.
Wie groß muß Gottes Liebe sein!
Jesus, vom Vater zu uns gesandt ...

4. Das Wasser treibt Maschinen an,
trägt Schiffe auch auf ihrer Bahn,
schafft Energie ins Land hinein.
Wie groß muß Gottes Liebe sein!
Jesus, vom Vater zu uns gesandt ...

5. Das Wasser zwingt des Feuers Glut,
durch stärkste Mauern bricht die Flut,
und steter Tropfen höhlt den Stein.
Wie groß muß Gottes Liebe sein!
Jesus, vom Vater zu uns gesandt ...

6. Am Himmel hat Gott hingestellt
den Friedensbogen für die Welt
aus Regen und aus Sonnenschein.
Wie groß muß Gottes Liebe sein!
Jesus, vom Vater zu uns gesandt ...

7. Durch Wasser gibt uns Gott sein Wort:
»Du bist getauft, du bist hinfort
mein Kind und Erbe, du bist mein.«
Wie groß muß Gottes Liebe sein!
Jesus, vom Vater zu uns gesandt ...

8. Das Wasser ist euch zugedacht.
In Jesu Wort ist Lebensmacht,
es sagt sogar zum Tod sein Nein.
Wie groß muß Gottes Liebe sein!
Jesus, vom Vater zu uns gesandt ...

Biblischer Bezug: 1. Mose 9, 12–17; Matthäus 5,45; Johannes 4; Offenbarung 22,1–2

Thema/Kirchenjahr: Wasser – Taufe – Tauferinnerung
Sommerfest – Erntedankfest

Kreative Ideen:

1. Wassercollage

Wir schneiden aus Zeitschriften Bilder aus, auf denen Wasser in irgendeiner Form vorkommt. Dann sortieren wir unsere Bilder nach fünf Themen, die im Lied vorkommen:
— Quelle, Fluß, See, Meer
— Regen, Bewässerung
— Wasser reinigt
— Wasserkraft
— Taufe
und gestalten zu jedem Thema ein Plakat.

2. Regenbogen aus Kreppapier

Wir kleben ganze Kreppapierbahnen in den Regenbogenfarben (rot, orange, gelb, grün, blau, violett) aneinander und bringen im Abstand von ca. 1,50 m Stäbe (Besenstiele) an. Wenn eine Kindergruppe das Lied im Gottesdienst vorsingt, heben 4–5 Kinder immer während des Kehrverses den Regenbogen hoch.

Dank sei dir, Gott

Biblischer Bezug:	Matthäus 6,28
Thema/Kirchenjahr:	Kanon zum Segen
Hinweis:	Der Kanon stammt aus dem Singspiel »Ein Binsenkorb Hoffnung«. Er stand damals am Schluß der Abendmahlsfeier als Dankgebet mit dem Text: »Dank für das Brot und Dank für den Wein und, Herr, für dein Wort: Ich will bei euch sein.«
Kreative Idee:	Der Kanon eignet sich gut als Antwort der Gemeinde nach dem Segen.

Selig sind

(Aus: »Die Berufung des Matthäus«, 1994. Rechte: Pro Media, 72116 Mössingen)

Biblischer Bezug: Matthäus 5,3–10, Seligpreisungen

Thema/Kirchenjahr: Liturgisches Singstück
Die Lehre Jesu

Kreative Idee: **Fürbittegebet**

Dieses Singstück kann mit einem der 8 Verse in ein Fürbittegebet eingefügt werden. Wir denken z. B. an Menschen die Leid tragen. Wir singen nach jeder (oder nach zwei bis drei) Bitten: »Selig sind, die Leiden tragen ...«

Gott hält seine Hand

Kehrvers:

Gott hält seine Hand, Gott hält seine Hand,
Gott hält seine Hand über mir.
Gottes Engel geht, Gottes Engel geht,
Gottes Engel geht mit mir.

2. Läßt deinen Fuß nicht gleiten,
dein Hirte schlummert nicht.
Vor wem sollte mir grauen?
Er ist mein Heil und Licht.

Gott hält seine Hand …

3. Ich will den Herren loben,
der mich mit Gnade krönt,
baut mit zerbrochnen Steinen,
macht heil, was unversöhnt.

Gott hält seine Hand …

Zweistimmiger Satz

▶ ▶ ▶

Biblischer Bezug: Psalm 91, Psalm 121
Das Lied stammt aus dem Singspiel »Nehemia«, erschienen im Materialheft zum Bibelsonntag 1994, Deutsche Bibelgesellschaft, Stuttgart. (Rechte: Carus-Verlag, Stuttgart)

Thema/Kirchenjahr: Segenslied – Zum Abschluß des Gottesdienstes geeignet.
Jahreswechsel – Schulanfang – Taufe

Hinweis: Dieses Lied darf nicht zu langsam musiziert werden.

Kreative Idee: *1. Einfacher zweistimmiger Satz (siehe Seite 77)*

2. Wir basteln eine Begleitkassette

Einige große Kinder, die gerne musizieren, üben zusammen mit Mitarbeiter/innen den zweistimmigen Satz. Gitarre, Keyboard oder Klavier begleiten. Die beiden Stimmen können auch von Melodieinstrumenten (z. B. C- und F-Flöte) gespielt werden. Für Klanghölzer ist ein ganz einfacher Rhythmus angegeben, jede/r Hobbyschlagzeuger/in kann ihn komplizierter und raffinierter gestalten. Dazu summen wir Melodie und zweite Stimme. Das ganze nehmen wir auf Kassette auf. Die Kinder können dann zur Kassette die Melodie singen.

3. Bewegungen

Folgende Bewegungen können auch mit der ganzen Gemeinde, etwa bei einem Familiengottesdienst, eingeübt werden:

Gott hält seine Hand, Gott hält seine Hand. Gott hält seine Hand über mir	*Wir beschreiben mit beiden Armen langsam eine Kreisbewegung nach oben bis beide Arme über dem Kopf zusammenkommen.*
	Wir fassen uns an den Händen.
Gottes Engel geht, Gottes Engel geht, Gottes Engel geht mit mir	*Zwei Seitschritte nach rechts, zwei Seitschritte nach links, zwei Seitschritte nach rechts, zwei Seitschritte nach links.*

Singspiele

Singspiel zur Weihnachtsgeschichte

Lukas 2,1–16 und Matthäus 2,1–11

Vorbemerkung: Es ist 1971 als erstes größeres Singspiel entstanden. Im Altarraum stehen Stall und Krippe, Ochs und Esel sind als Kopfsilhouette angedeutet.
Dieses Stück spielt sich sozusagen von selbst. Entsprechend den Spielszenen ziehen die Spieler während eines Instrumentalverses durch den Mittelgang ein oder hin und zurück durch die Gemeinde; die Blockflötenspieler blasen auswendig und begleiten so die Hirten. Den Königen, mit ihrem Gefolge und ihren Gaben, wird ein großer Stern vorangetragen.

Ansingen: Nr. 10 bzw. 12 »Ehre sei Gott in der Höhe«
Nr. 17 »Halleluja ...«

Partituren: Aufführungsmaterialien zu diesem Singspiel sind erhältlich bei:
Carus-Verlag, Wannenstraße 45, 70199 Stuttgart
(Bestell-Nr. CV 12.559)

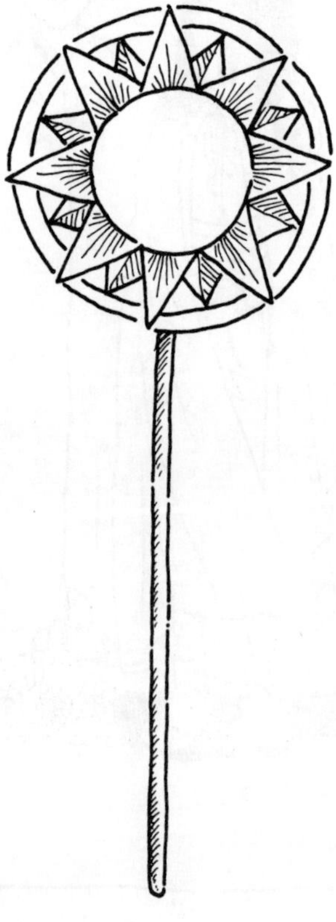

1. Sprecher:

Ihr seht in diesem Weihnachtsspiel,
wie Gottes Sohn zu uns kommen will.
Lukas schrieb auf, was damals geschehn,
damit auch wir zum Krippenkind gehn
und weitersingen und weitersagen,
was damals sich hat zugetragen.

2. Soldat und Steuereinnehmer

Der Steuereinnehmer:

Ich bin der Steuerkommissar.
Bei mir zahlt jeder, das ist klar.
In meine Tafel wird geritzt,
was jeder hier am Ort besitzt.
Tralala ... Denn Kaiser Augustus ...

Soldat und Steuereinnehmer:

Drum auf, wer von euch Äcker hat,
der zieh' in seine Heimatstadt!
Brecht auf sogleich, ob Frau, ob Mann,
denn morgen fängt das Zahlen an!
Tralala ... Denn Kaiser Augustus ...

3. Sprecher:

Die Hirten sagen, was jeder dachte,
als Kaiser Augustus Geschichte machte:
»Der ist der Herr – doch Gott sei's geklagt,
wir wurden alle nicht gefragt.
Und doch sind wir's, die zahlen müssen,
und ihm auch noch die Füße küssen!«

4. Hirten

2. Wir hüten unsere Schafe. Viel Not liegt auf der Erd.
   Der Friede ging verloren, der Friede ging verloren.
   Die Hoffnung ist nichts wert.

3. Wir hüten unsre Schafe. Die Nacht ist schwarz und kalt.
   Die Frommen singen Lieder, die Frommen singen Lieder.
   Der Kaiser braucht Gewalt.

4. Wir hüten unsre Schafe am Feuer vor dem Zelt.
   Ach, daß doch Hilfe käme, ach, daß doch Hilfe käme
   vom Herren aller Welt!

5. Sprecher:

Als Kaiser Augustus tat sein Gebot verfassen,
da mußten viele die Heimat verlassen.
Nach Bethlehem kamen zwei von Nazareth her,
Maria hieß sie und Joseph hieß er.
Die suchten, daß sie unterkommen.
Doch niemand hat sie aufgenommen.

6. Herbergssuche – Die harten Hauswirte

2. »Bitte, laßt uns ein!« – »Nein!« – »Bitte, laßt uns ein!« – »Nein!«
»Ach, sie feiern ihre Feste, wollen keine armen Gäste!
Laßt uns weiterziehn! Laßt uns weiterziehn!«

3. »Bitte, laßt uns ein!« – »Nein!« – »Bitte, laßt uns ein!« – »Nein!«
»Haben alle schon vergessen, daß auch sie in Not gesessen?
Laßt uns weiterziehn! Laßt uns weiterziehn!«

4. »Bitte, laßt uns ein!« – »Nein!« – »Bitte, laßt uns ein!« – »Nein!«
»Will die Welt denn sein verloren? Gottes Sohn wird bald geboren,
wird verstoßen sein!«

Die guten Hauswirte

5. »Bitte, laßt uns ein!« – »Ja, kommt doch herein!
Wir sind selber arme Leut' und sind dran, wie ihr es seid.
Kommt und tretet ein!«

6. »Gott, der lohn' es euch!« – »Auf, nun kommt doch gleich!
Stuben, Kammern überall sind besetzt.
Doch in dem Stall ist ein Platz für euch!«

7. »Gott, der lohn' es euch!« – »Auf, nun kommt doch gleich!
Wiege ist die Krippe arm. Ochs und Esel geben warm.
Gott, er segne euch!«

7. Gemeindelied

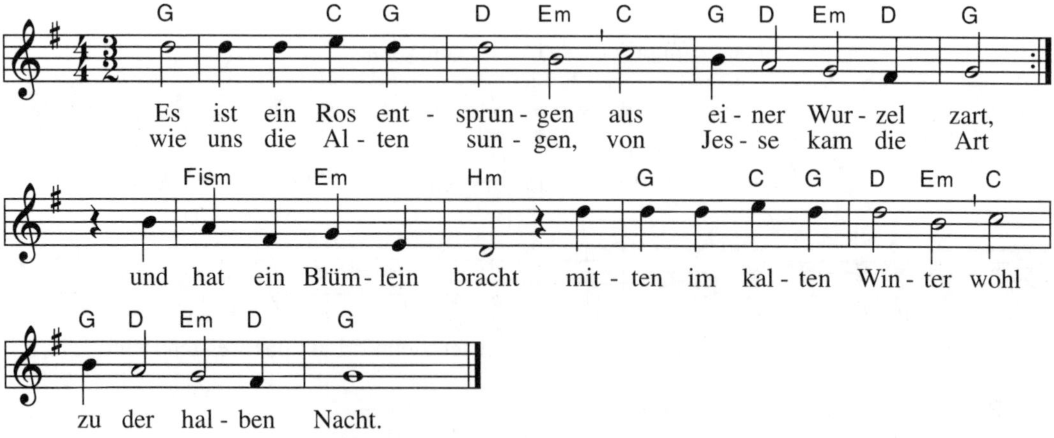

8. Sprecher:

Die Hirten, die auf dem Felde waren,
die haben's als Allererste erfahren.
Alles lag noch im Schlaf ganz tief,
als der Chor der Engel rief,
daß der Retter sei geboren
für alle, alle, die verloren.

9. Hirten

10. Engel / Alle

11. Sprecher:
Fürchtet euch nicht,
siehe ich verkündige euch große Freude,
die allem Volk widerfahren wird,
denn euch ist heute der Heiland geboren,
welcher ist Christus, der Herr, in der Stadt Davids!
Und das habt zum Zeichen:
Ihr werdet finden das Kind in Windeln gewickelt
und in einer Krippe liegen!

12. Hirten (Melodie Nr. 9):
1. Laßt doch die Schafe stehen, laßt Herden Herden sein!
Ein Hirte ist erschienen, ein Hirte ist erschienen.
Wir sind nicht mehr allein.

Engel (Melodie Nr. 10):
Ehre sei Gott in der Höhe …

Hirten:
2. Laßt doch die Schafe stehen und eilet zu dem Kind!
Wir müssen uns nicht scheuen, wir müssen uns nicht scheuen.
Wir kommen, wie wir sind.

Engel:
Ehre sei Gott in der Höhe …

Hirten:
3. Laßt doch die Schafe stehen, ein Wunder ist geschehn!
Das Kind bringt uns den Frieden, das Kind bringt uns den Frieden.
Auf, laßt uns zu ihm gehn!

Engel:
Ehre sei Gott in der Höhe …

13. Gemeindelied

14. Sprecher:

Schon kommen ganz von weitem her
drei Könige und eilen sehr.
Die Fahrt war weit und unbequem.
Sie suchen in Jerusalem,
doch grad dorthin, wo's keiner denkt,
nach Bethlehem werden sie vom Stern gelenkt.

15. Die Könige

Der zweite König:

2. Doch scheint mir das ein starkes Stück!
Ich höre nirgends Festmusik!
Da schläft ja Dorf und Stadt und Feld,
wenn Einzug hält der Herr der Welt!
Tralala ... Die Fahrt war weit ...

Der dritte König:

3. O König, du liegst hier im Stall!
Einst ehrt dich alles überall!
Die arme Krippe ist dein Thron,
o Bruder du – und Gottes Sohn!
Tralala ... Die Fahrt war weit ...

16. Sprecher:

Was einst geschah, ist nun zu Ende.
Ob Christus heut' offene Türen fände?
Den Weg zu Gott hat er freigemacht.
Ein großes Licht erhellt die Nacht.
Christus, der kam auf diese Erden,
will auch in dir geboren werden.

17. Schlußlied

2. Gott will, daß du nun ihm vertraust
und nicht nur auf dich selber schaust,
dich für die arme Erde regst
und auch die Last der andern trägst.
Halleluja!

3. Bis an dem letzten Tag der Welt
vor Christus alles niederfällt,
und freudig dann in Gottes Licht
der Glaube durch zum Schauen bricht.
Halleluja!

Die Stillung des Sturmes

Singspiel zu Matthäus 8,23–27 und Psalm 46

Vorbemerkung: Dieses Singspiel ist 1976 in vereinfachter Form – ohne Nr. 10 a – in der Zeitschrift »Evangelische Kinderkirche« Nr. 2/1976 erschienen.

Aus einer Tapetenrolle wird ein Bootsrumpf ausgeschnitten und in gemeinsamer Aktion bemalt. Er wird an der Oberkante durch eine längere, an der Unterkante durch eine kürzere Holzlatte stabilisiert und dann mittels einer kräftigen, an den Enden der oberen Holzlatte befestigten Schnur an der Spitze einer Standleiter (Bockleiter) eingehängt – so hoch, daß der Bootsrumpf vom Chor nicht verdeckt wird und während des Sturmes hin und her schwingen kann.

Ein Jünger kann die Standleiter besteigen, bei Nr. 4 mit allen Zeichen des Stolzes und bei Nr. 9–10 a mit Gebärden der Angst.

Während des Sturmes schlingert das Boot in seiner Halterung.

Donner kann von Nr. 8 bis Nr. 10 a über Tonband eingespielt werden, gesteuert über Lautstärkeregler.

Im Kontrast zum lautstarken Stolz und Schrecken der Jünger steht das Lied Nr. 7 bzw. 12, das in seinem ersten Teil auch von einer Einzelstimme gesungen werden kann. Ziel- und Höhepunkt ist – zuerst still, wie wenn jemand einen neuen Raum betritt, dann kräftiger – die Choralmelodie in Nr. 10 a.

Ansingen: Nr. 1, Nr. 7 bzw. 12 (»Halleluja«, Strophe 3!)

Partituren: Aufführungsmaterialien zu diesem Singspiel sind erhältlich bei:
Carus-Verlag, Wannenstraße 45, 70199 Stuttgart
(Bestell-Nr. CV 12.550)

1. Alle / Chor

2. *Alle:* Gott ist unsre Zuversicht. Lobet Gott! Lobet Gott!
Darum fürchten wir uns nicht. Lobet unsern Gott!

Chor: Ihr sollt euch nicht fürchten, weil Gott auf euch sieht.
Berge müssen stürzen. Ihr singt ihm ein Lied.

Alle: Gott ist unsre Zuversicht …

2. Sprecher:

»Wir werden ans andere Ufer fahren«,
sprach Jesus zu denen, die mit ihm waren.
»Auf steiget ein, die Fahrt ist weit
und hier liegt schon ein Boot bereit!«

3. Sprecher:

Die Jünger hatten viel Wunder gesehn,
die durch Jesu Machtwort waren geschehn.
Dabei stand er stets vornean –
der Helfer und der Wundermann.
Doch sie – was waren sie denn wert!?
Auf, höchste Zeit, daß er erfährt:
Jetzt sind sie dran! Und er soll sehn,
daß auch die Fischer was verstehn!

4. Jünger

2. Das Steuer hier, das Steuer hier, sieh her! Sieh her!
Das lenkt das Schiff, das lenkt das Schiff durchs Meer, durchs Meer!
/: Und so wie ich es will, erreich' ich jedes Ziel :/:
He-jo he! ...

3. Das Segel hier, das Segel hier, sieh her! Sieh her!
Am Mast hoch überm Meer, hoch überm Meer, ja Meer!
/: Es fängt den Wind uns ein und zwingt ihn, Knecht zu sein, :/:
He-jo he! ...

4. Das Wichtigste, das Wichtigste, sieh her! Sieh her!
Das Beste auf, das Beste auf dem Meer, ja Meer!
/: Das kannst du an uns sehn, wie wir zusammenstehn, :/:
He-jo he! ...

5. Sprecher:

Doch Jesus schläft. Wozu denn wachen,
wenn seine Jünger alles machen
und selbst es am besten alles wissen!
Er ruht im Bug auf einem Kissen;
wird er im Voraus an die denken,
die später seine Kirche lenken?

6. Sprecher:

An alle überhaupt, die morgen
für sich und andre werden sorgen?
Wie die sich dann zum Fange wagen,
das Ruder in die Wellen schlagen,
das Segel an dem Mast hochdrehen
und selbstbewußt am Steuer stehen?

Rühmen sie sich und ihre Gaben? –
Ob sie ihn dann noch nötig haben?

7. Lied

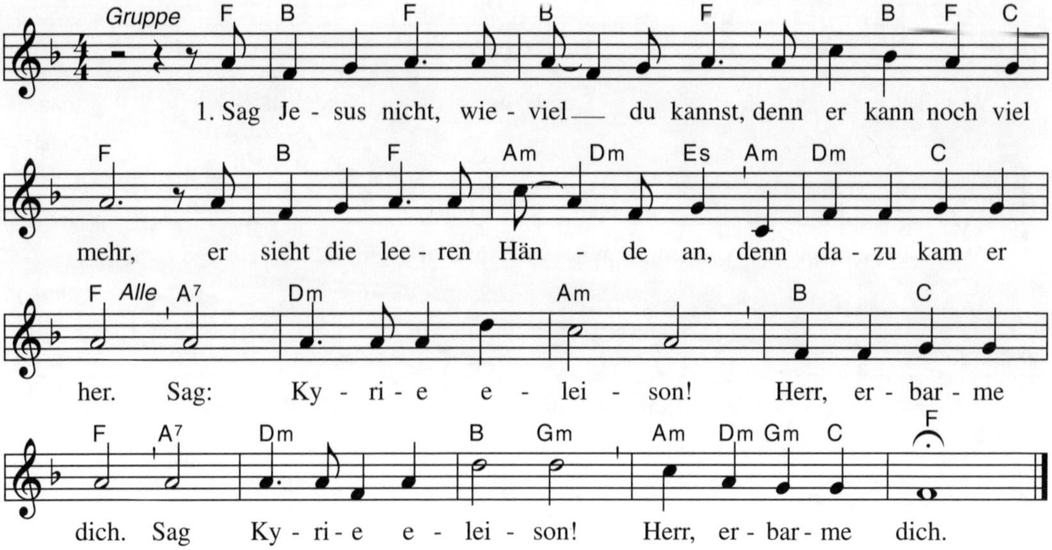

2. Sag Jesus nicht, wieviel du weißt, denn er weiß doch viel mehr.
Er sieht auch das Verborg'ne an, denn dazu kam er her.
Sag: Kyrie ...

3. Sag Jesus nur, daß du ihn brauchst, weil er der Retter ist.
Er ist dir nah, gibt sich für dich, für dich, so, wie du bist.
Sag: Kyrie ...

8. Sprecher:

Die Jünger haben Posten gefaßt
am Ruder, Steuer, Segel, Mast.
Da stehn sie, tapfer und bewährt.
Das Schifflein durch die Wellen fährt
in guter Fahrt, so, wie gewohnt.
Da zuckt ein Blitz am Horizont.
Dann Donner! Sturmflut braust heran.
Jetzt kommt ans Licht, was jeder kann!

9. Jünger

2. Das Ruder hier, das Ruder hier zerbricht, zerbricht!
Der Mastbaum hier, der Mastbaum hier, hält nicht, hält nicht!
Das Steuer, es zerspringt, ob jemand Hilfe bringt!? :/: ...
He-jo he! He-jo he! Zu mächtig wird die wilde See!
He-jo he! He-jo he! Zu mächtig die wilde See!

3. Wir sind in größter Not, in größter Not, ja Not!
Der Sturm bringt uns, der Sturm bringt uns den Tod, den Tod!
Herr Jesu, schläfst du noch? Steh auf und hilf uns doch! :/: ...
He-jo he! He-jo he! Wir sterben in der wilden See!
He-jo he! He-jo he! Uns tötet die wilde See!

10. Sprecher:

Und nun regieren Angst und Not
das leckgeschlagene Jüngerboot,
indessen Jesus schläft und ruht
und – sozusagen – gar nichts tut.

10a. Jünger

* *Bis hier auch unisono-Begleitung (instrumental) möglich; Chor "schreiend".*

11. Sprecher:

Als alles ihrer Hand entnommen,
sind endlich die Jünger zu Jesus gekommen.
Mitten im Sturm ist er am Ziel,
ist dort, wo er sie haben will.

12. Lied

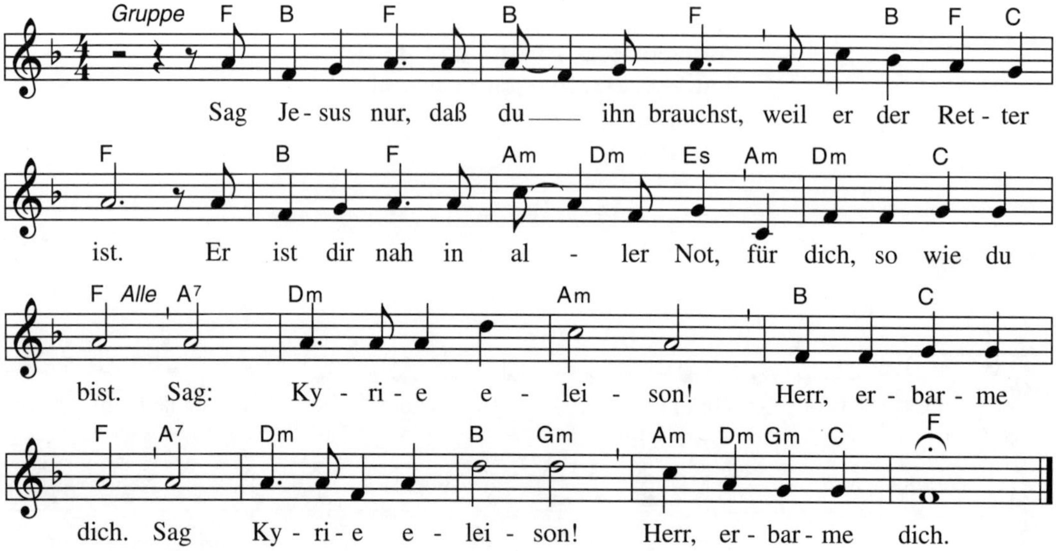

2. Sag Jesus nur, daß du ihn brauchst, wird alles für dich tun.
Du wirst bei ihm geborgen sein. Er wacht und du wirst ruhn.
Sag: Kyrie eleison! Herr, erbarme dich!
Sag: Kyrie eleison! Herr, erbarme dich!

3. Denn Jesus hat das letzte Wort auch über Sturmeswut.
Er bringt dein Schiff an seinen Ort. Er weiß, was für dich gut.
Drum singet: Halleluja, lobet Gott, den Herrn!
Drum singet: Halleluja, lobet Gott, den Herrn!

13. Sprecher:

Sie liegen am Boden, er hat sich erhoben.
Ein Wort – das Meer hört auf zu toben.
Geführt von seiner starken Hand
erreicht das Schiff das sichre Land
ohn' Steuer, Ruder, Segel gar,
ein Wrack, das Gottes Wunder war.
Gott hat Verderben abgewendet.
Er hat gerichtet und vollendet.

14. Alle / Chor

2. *Alle:* Gott ist unsre Zuversicht. Lobet Gott! Lobet Gott!
Darum fürchten wir uns nicht. Lobet unsern Gott!

Chor: Ihr sollt euch nicht fürchten, weil Gott auf euch sieht.
Berge müssen stürzen. Ihr singt ihm ein Lied.

Alle: Gott ist unsre Zuversicht . . .

Ein Binsenkorb Hoffnung

Singspiel zu Matthäus 6,28
nach Motiven aus 2. Mose 2 und 3

Vorbemerkung:

Dieses Singspiel entstand in der Vorbereitungsgruppe für den Schlußgottesdienst der Kindergottesdienst-Gesamttagung 1990 in Stuttgart, die unter dem Leitwort »Seht die Blumen auf dem Felde« stand.
Gottfried Mohr verfaßte die verbindenden Texte.
Die Choreographie stammte von Elke Landenberger, Lehrerin für Rhythmik und Musik an der Fachschule für Sozialpädagogik in Reutlingen. Sie hat auch die Bewegungsabläufe für die Spiele »Die Heilung der 10 Aussätzigen« und »Philippus und der Kämmerer« entworfen.
Auf den Abdruck der im Schlußgottesdienst integrierten Abendmahlsliturgie wird in diesem Zusammenhang verzichtet. Deshalb fehlen Nr. 9–11.
Der Gottesdienst fand im Oval der Freilichtbühne im Stuttgarter Höhenpark Killesberg statt. Den Hintergrund bildete ein überdimensionales Bild, das den Betrachter nach Ägypten versetzte.
An die ca. 5000 Gottesdienstbesucher/innen wurden farbige Servietten und Pfeifenputzer aus Draht verteilt; daraus wurden Blumen gefertigt.
Die aus drei Gemeinden stammenden ca. 100 Kinder hatten sich und das Singspiel auf einer gemeinsamen Kinderchorfreizeit kennengelernt und große Blumen aus Krepp-Papier hergestellt. Sie waren in vier Gruppen eingeteilt, die infolge der leicht zu wechselnden Gewänder variabel gruppiert werden konnten:

1. Blumenkinder (grün, mit großen selbstgebastelten Blumen)
2. Israeliten (grau)
3. Aufseher (scharlachrot)
4. Schilfkinder (grün)

Dazu kamen Mirjam und deren Mutter sowie die Tochter des Pharao mit Mägden.

In hartem Kontrast zu den Blumen standen »Steine«, 28 dunkle Styroporwürfel mit 50 cm Kantenlänge, mit denen die unterdrückten Israeliten eine Mauer aufführen mußten.

Ansingen:

Nr. 1 und Nr. 8

Partituren:

Aufführungsmaterialien zu diesem Singspiel sind erhältlich bei:
Carus-Verlag, Wannenstraße 45, 70199 Stuttgart
(Bestell-Nr. CV 12.554)

1. Eingang

Tanz der Blumenkinder, ab Takt 8 mit hochgehaltenen großen Blumen, auch bei den mitsingenden Zuschauern.

2. Seht die Blumen wachsen, seht doch, wie sie blühn,
wie sie aufstehn aus dem Staube, wie sie alle loben ihn,
unsern Gott, der uns sein eigen nennt,
unsern Gott, der sich zu uns bekennt,
und der nimmer uns verläßt, und der nimmer uns verläßt.

3. Gottes Reich muß wachsen, Gottes Reich wird blühn,
sich erheben aus dem Staube; alle, alle loben ihn,
unsern Gott, er schenkt der Welt das Licht,
unsern Gott, der seinen Bund nicht bricht
und der nimmer uns verläßt, und der nimmer uns verläßt.

(Die Blumenkinder setzen sich.)

ZWISCHENTEXT

Das macht den Kindern Spaß, als bunte Blumen zu tanzen.
Und uns Zuschauern macht es auch Spaß:
Es sieht wunderschön aus: Die Kinder und die Blumen.
Kinder sind wie Blumen: bunt, erfreulich und schön.
Kinder sind wie Blumen: zart und zerbrechlich.

Von Blumen und Kindern handelt die Geschichte, die wir heute singen, spielen und musizieren.
Damals haben auch die Blumen geblüht – aber die Israeliten konnten sich an ihnen nicht freuen. Sie waren die Sklaven und mußten unbarmherzig schuften für die Ägypter. Lehm mußten sie aus der Lehmgrube stechen. Ziegel brennen und Steine schleppen für den Pharao, für seine Pyramiden, für seine Paläste.
Die Ägypter bauten sich größenwahnsinnige Denkmäler – und die Israeliten, die Ausländer, mußten für die Drecksarbeit herhalten.
Sie sahen nur das Grau-in-Grau ihres Alltags.
Sie spürten am eigenen Leibe, wie es ist, der Schwächere zu sein.

Die Schwächsten waren die Kinder.
Keiner hatte Zeit für sie. Arbeit geht vor.
Für die Ägypter waren sie wertlos.
Unnötige Esser, die keine Leistung bringen.

Der Pharao befiehlt: Jeder Junge, der geboren wird, wird im Nil ertränkt.
Sklaven muß man klein halten. Sonst werden Sieger aus Besiegten.

Sollten da nicht die Blumen ihre Köpfe hängen lassen.
So viel Hoffnungslosigkeit.
Erwachsene die im Grau des Alltags versinken.
Kinder, die keiner will. Geschlagene, überflüssige, lästige Kinder.

Eines Tages wird ein Kind geboren. Ein Sklavenkind.
O Schreck: Ein Junge.
Und trotzdem freuen sich die Eltern. Mirjam, die große Schwester kann nicht an sich halten. Sie singt: »Nicht traurig sein. Ihr sollt euch freun. Geboren ist mein Brüderlein.«

Eine Hoffnung blüht auf.
Sie erhebt sich aus dem Staub.
Sie erhebt sich gegen den Pharao und seine menschenverachtende Brutalität.
Die Hoffnung ist noch sehr klein. Ein winziges Baby im Arm der Mutter.
Noch liegt den Sklaven das Stöhnen näher als das Lachen.

2. Israeliten

Sie schleppen Steine und bauen eine Mauer (bis Nr. 4), hinter der Kinder und Blumen nach und nach verschwinden.

2. Aus der Tiefe rufen wir …
   Warum siehst du denn nicht an, was der Pharao getan,
   der dein Volk mit harter Faust jetzt niedermacht?
   Trauer hier und Schrecken dort,
   Durst und Hunger, Schläge und Mord,
   jedes Knäblein – sagt man – wird jetzt umgebracht.

3. Aus der Tiefe rufen wir …
   Herr, wie lang, wie lange noch sind wir unter diesem Joch?
   Schick den Retter uns, o Herr, der uns befreit!
   Hier ist keiner, der uns stützt, der dein armes Volk beschützt,
   das voll Schrecken und Entsetzen zu dir schreit!
   Aus der Tiefe rufen wir. Höre unser Flehen!
   Aus der Tiefe rufen wir. Laß uns nicht vergehen!

3. Mirjam

tritt ins Bild. Als Zeichen der Hoffnung erscheinen einzelne Blumen hinter der Mauer. Die Israeliten halten einen Augenblick inne – und bauen dann weiter.

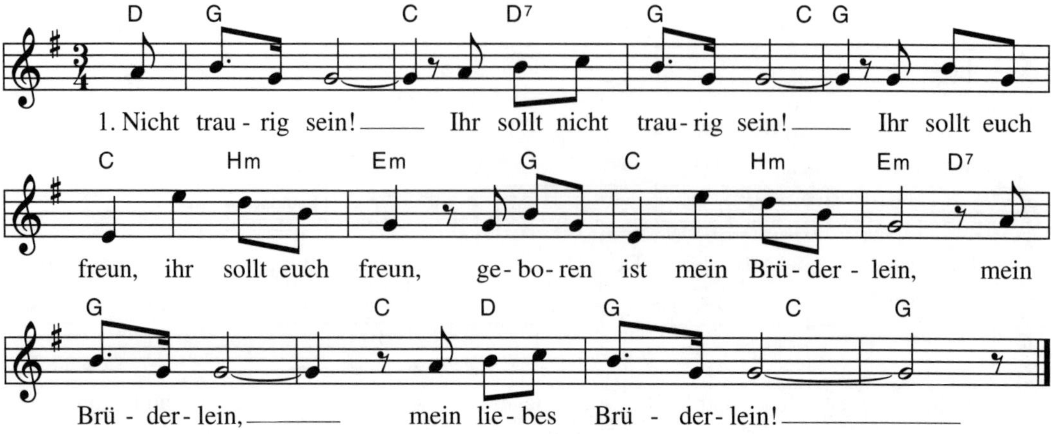

2. Nicht traurig sein, ihr sollt nicht traurig sein!
   Es ist ganz klein, es ist ganz klein.
   Geboren ist mein Brüderlein,
   ein Sonnenschein, ein heller Sonnenschein!

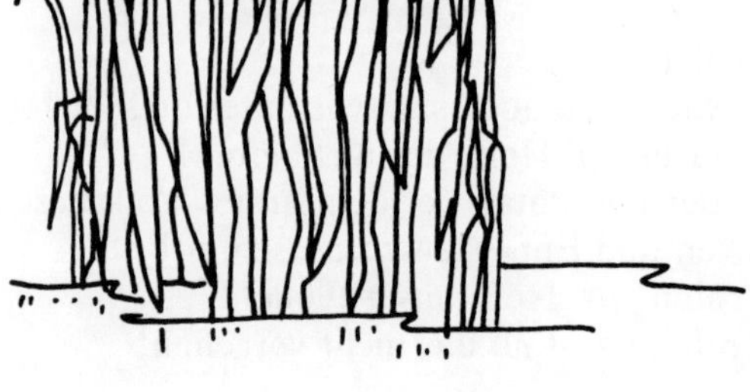

4. Israeliten (Melodie wie Nr. 2)

Sie klagen mit ausgestreckten Händen und wenden sich gegen Mirjam. Die Blumen verschwinden.

1. Aus der Tiefe rufen wir. Höre unser Flehen!
Aus der Tiefe rufen wir. Laß uns nicht vergehen!
Schweig! Das Kind wird schon gesucht,
berge es auf rascher Flucht
vor dem Pharao und seinem blanken Schwert.
Denn kein Knäblein wird verschont,
das in unsern Grenzen wohnt.
Weißt du nicht, wie er mit unserm Volk verfährt?
Aus der Tiefe rufen wir …

5. Mirjam (Melodie wie Nr. 3)

Mirjam läßt sich nicht entmutigen. Das Kind wird wachsen (Strophe 1), das »Feld« (Strophe 2), die Zuschauer grüßen mit ihren Blumen. Mirjam gewinnt die Israeliten zu einem einfachen Reigen. Die Blumen auf der Mauer zeigen sich wieder.

1. Die Sorg laßt sein! Laßt euer Sorgen sein!
Es bleibt nicht klein, es bleibt nicht klein.
Das Kind wird wachsen und gedeihn.
Es wird gedeihn, wird wachsen und gedeihn.

2. Seht auf das Feld, die Blumen rings im Feld!
Nur dieses zählt, nur dieses zählt:
Gott hat zum Leben sie erwählt.
Nur dieses zählt, nur dieses eine zählt.

3. Auf, singt mein Lied! Auf, tanzt und singt mein Lied!
Die Blume blüht, die Blume blüht,
das Schwert des Pharao wird müd.
Das Schwert wird müd, das blutge Schwert wird müd.

4. *(Alle)* Ein neues Lied! Kommt, singt das neue Lied!
Die Blume blüht, die Blume blüht,
das Schwert des Pharao wird müd.
Das Schwert wird müd, das blutge Schwert wird müd.

6. Die Aufseher

mit Trillerpfeifen – rücken im Gleichschritt auf die Israeliten zu. Geballte Fäuste.
Dann – »Nein, ihr sollt lieben« – Wendung zu den Zuschauern.
Israeliten fliehen. Mirjam stellt sich vor sie.

* im Rhythmus schreien: »Lumpenpack!« (4×)

7. Mirjam (Melodie wie Nr. 3)
tritt furchtlos den Aufsehern entgegen. Diese weichen zurück.

1. Ihr seid aus Stein, ihr habt ein Herz aus Stein!
   Gott hört das Schrein, Gott hört das Schrein,
   spricht über Pharao sein Nein.
   Er spricht sein Nein, er spricht ein letztes Nein.

2. Es wird gedeihn, das Kind, es wird gedeihn.
   Wird uns befrein, wird uns befrein,
   und wird dem Volk ein Hirte sein,
   ein Hirte sein, ein guter Hirte sein.

3. Gott sieht darein, Gott sieht gewiß darein!
   Ein Ende haben Angst und Pein,
   und nimmermehr wird Hunger sein,
   nur Brot und Wein, statt Hunger Brot und Wein.

ZWISCHENTEXT

Ganz allein steht sie da, die Mirjam, und singt den Schlägern hinterher: »Ihr seid aus Stein. Ihr habt ein Herz aus Stein.«
Sie hat ein lebendiges Herz, ein warmes Herz, ein Herz aus Fleisch und Blut. Mirjam hat ein Herz für Kinder. Ihr Herz fängt an, höher zu schlagen, wie sie ihren kleinen Bruder sieht. Ihr wird warm ums Herz, wie sie das neugeborne Kind in den Armen hält. Sie tut das Beste für Kinder: Sie freut sich an ihnen.
Wer Freude an Kindern hat, macht Kindern Freude. Wen das Lachen von Kindern ansteckt, der versteht Kinder. Wem ihr Geschrei nicht nur auf die Nerven geht, der kann mit Kindern Freude und Leid teilen.
Aber: Was soll sie jetzt tun, die Mirjam? Das Schwert des Pharao schwebt über dem Leben des Kindes.
Kindheit ist bedroht. Kleine Kinder haben große Sorgen. Sie machen sich Sorgen um das Glück ihrer Eltern, um den Frieden in der Welt, um die Erhaltung der Natur. Kinder leben in trostloser Umgebung. Ihnen wird vorenthalten, was sie zum Leben brauchen: Spielräume, Zuwendung, Liebe, Zeit.
Ein Korb muß geflochten werden, aus dem Binsengras des Nils. Ein schützender Korb um das Kind herum. Ein Korb, der schwimmen kann auf den Fluten.
Kinder brauchen keine Schlösser, auch keine Luftschlösser. Kinder müssen nicht unsere unerfüllten Wünsche erfüllen.
Kinder brauchen uns, daß wir ihnen einen Lebensraum bauen, einen Spielraum der Geborgenheit, der sie ein Leben lang trägt auf dem Lebensstrom.

8. Israeliten

Die Gruppen der Blumenkinder und der Israeliten, zunächst 2 Blöcke, »verflechten« sich reihenweise ineinander (Schema »Machet auf das Tor«); die Zuschauer strecken stehend im Rhythmus ab Takt 9 die Hände nach rechts und links bzw. – mit einer halben Körperdrehung – nach vorn und hinten.

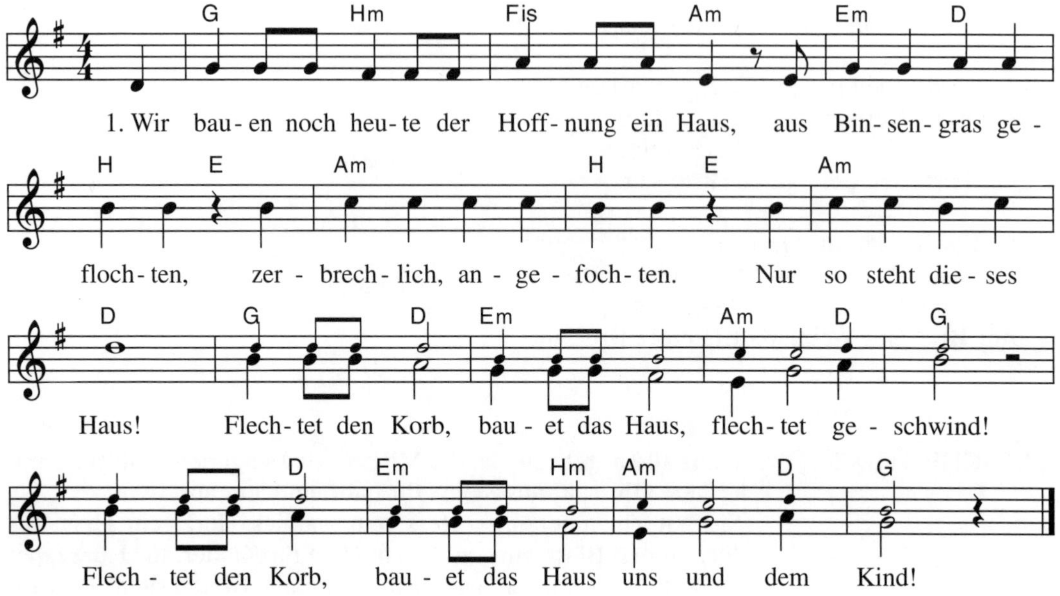

2. Wir bauen noch heute der Hoffnung ein Haus.
   Das Maß hat Gott gegeben:
   Ein Kind, und es soll leben! Nur so steht dieses Haus!
   Flechtet den Korb, bauet das Haus, flechtet geschwind!
   Flechtet den Korb, bauet das Haus uns und dem Kind!

3. Wir bauen noch heute der Hoffnung ein Haus.
   und geben aus den Händen,
   was Gott nur kann vollenden. Nur so steht dieses Haus!
   Flechtet den Korb, bauet das Haus, flechtet geschwind!
   Flechtet den Korb, bauet das Haus uns und dem Kind!

ZWISCHENTEXT

(Kinder stellen sich auf als Binsengras. Mirjam nimmt den Mosekorb, schleicht durch die Binsengraskinder und versteckt den Korb.)

Schaut, da nimmt Mirjam den Korb. Sie hat ihren kleinen Bruder hineingelegt. Sie versteckt den Korb im Schilfgürtel des Nils. Sie muß das Kind aussetzen. Es gibt keine andere Möglichkeit. Das ist schwer, ein Kind loszulassen, es auf eigene Wege schicken. Mirjam und ihre Eltern sagen sich: Mehr können wir jetzt nicht mehr tun. Jetzt kann nur noch Gott helfen. Wir legen sein Leben in Gottes Hand.

(Zwischenmusik: Wasser in der Wüste – Mirjam versteckt sich.)

Doch was macht Mirjam jetzt? Sie geht nicht nach Hause. Sie läßt ihren Bruder nicht allein, obwohl sie doch nichts mehr für ihn machen kann. Sie versteckt sich, beobachtet, wartet. Sie denkt:

Vielleicht braucht mich Gott.
Vielleicht darf ich sein Helfer sein, seine Mitarbeiterin.
vielleicht ruft er mich aus meinem Versteck.

Ich finde großartig, was Mirjam tut. Weil ich auch oft denke: Jetzt kann ich nichts mehr machen. Jetzt kann nur noch Gott helfen. Und dann möchte ich die Hände in den Schoß legen ...
Mirjam tut das nicht. Sie ist bereit für den Augenblick, in dem Gott sie ruft, in dem Gott sie braucht ... Und der Augenblick kommt ... Es kommt ... ausgerechnet die Tochter des Pharao und ihre Dienerinnen zum Baden im Nil.
Hoffentlich entdecken sie das Kind nicht ... hoffentlich ...

12. Tochter des Pharao

Tanz der Schilfkinder, in deren Mitte Mirjam das Mosekörbchen verborgen hat.
Tanzbewegungen mit hocherhobenen Armen,
einfache Schritte nach links und rechts und Drehung.

2. Reich bin ich geboren; was das Herz begehrt
liegt zu meinen Füßen. Doch was ist mein Leben wert?
3. Schilf am Ufer; Leben, das sich drin bewegt,
ist wie eine Mutter allem, was sich darin regt.
4. Leben sein für andre! Tief hineingetaucht!
Leben heißt entdecken, daß mich jemand liebt und braucht.

13. Tochter des Pharao

Der Tanz stockt; die Schilfkinder sehen auf das Körbchen und auf die Tochter des Pharao, die sich von einer Magd das Körbchen bringen läßt.

2. Kommt alle herbei, kommt alle geschwind!
Ich höre ein Schreien, ich höre ein Schreien,
so weint nur ein Kind, so weint nur ein Kind!

14. Mägde

Sie singen, zuerst leise, dann laut, das Staunen wird zum Erschrecken.

15. Tochter des Pharao

Tanz der Schilfkinder setzt wieder fröhlich ein.

2. Lachen soll das Knäblein! Hungert bald nicht mehr.
   Holt von den Hebräern eine treue Amme her!

16. Mirjam (Melodie wie Nr. 14)

Tanz wird fortgesetzt.

Ist gleich getan, ist gleich getan!
Weiß eine Frau, die helfen kann!
Die nimmt das Knäblein an, wie eine Mutter an!

17. Tochter des Pharao (Melodie wie Nr. 15)

Schilftanz wird fortgesetzt.

Lachen soll das Knäblein, vater-, mutterlos!
Mose soll es heißen, spielen soll es mir im Schoß.

18. Mutter des Mose

Schilftanz wird fortgesetzt.

Wunder über Wunder, bist mir neu geschenkt!
Groß ist Gottes Güte, der die Menschenherzen lenkt.

19. Mirjam (Melodie wie Nr. 3)

1. Ihr sollt euch freun, ihr sollt euch mit mir freun!
Ach, stimmt mit ein, ach, stimmt mit ein;
Gerettet ist mein Brüderlein,
mein Brüderlein, mein liebes Brüderlein.

2. Faßt neuen Mut, lobt Gott, faßt neuen Mut
Der Herr ist gut, der Herr ist gut;
lobt Gott, der solche Wunder tut,
der Wunder tut, der solche Wunder tut.

Mirjam beginnt einen Reigentanz, dem sich alle Mitspieler anschließen.

3. *(Alle)* Faßt neuen Mut, lobt Gott, faßt neuen Mut.
Der Herr ist gut, der Herr ist gut;
lobt Gott, der solche Wunder tut,
der Wunder tut, der solche Wunder tut!

Die Mauer wird mit Blumen bedeckt (auch bei Nr. 20).

ZWISCHENTEXT

Das Kind ist gerettet. Mirjam hat es gerettet. Gott hat es gerettet. Mirjam hat viel Gottvertrauen gehabt – und hat sich selbst viel zugetraut.
Beides brauchen wir, die Großen und die Kleinen: Gottvertrauen und Selbstvertrauen.
Wir wollen nun zu Gott, dem wir vertrauen, beten: Noch einmal sollen die Mitspielerinnen und Mitspieler unseres Singspiels zu Wort kommen und ihre Fürbitte Gott sagen:
1. Ich habe einen Israeliten gespielt, deshalb bete ich heute für alle Schwachen dieser Erde. Für alle Kinder, vor allem aber für die Kinder, denen schon schwere körperliche Arbeit zugemutet wird.
2. Ich habe einen ägyptischen Aufseher gespielt, deshalb bitte ich, daß wir die Menschen, die uns anvertraut sind, nicht unter Druck setzen. Gib uns Kraft, guter Gott, mit den Schwachen nicht unbedacht umzugehen.
3. Ich habe ein Binsengras gespielt, deshalb bitte ich für die vielen Unauffälligen im Lande, die Tag für Tag arbeiten, ohne daß groß darüber geredet wird. Du hast Geduld, Gott gib den Gemeinden Mut und Ausdauer für ihre Arbeit.
4. Ich habe die Mirjam gespielt, deshalb bitte ich dich für alle Mitarbeiterinnen und Mitarbeiter im Kindergottesdienst, daß sie die Kinder nicht aus dem Augen verlieren und ihnen Mut zum Leben geben. Und auch für die Mitarbeiterinnen und Mitarbeiter unter uns, deren eigenes Vertrauen in dieser Welt und auf Gott erschüttert ist.
5. Ich habe die Tochter des Pharao gespielt, deshalb bitte ich für alle Kinder, denen ein geborgenes Zuhause fehlt, daß ihnen Menschen begegnen, die sich ihrer annehmen.
6. Ich habe eine Blume gespielt. Ich bitte darum, daß dein Wort, Gott, an all den Orten wieder aufblüht, wo es lange nicht mehr gepflegt wurde oder gepflegt werden durfte. – Dein Reich komme. Amen.

20. Beschluß (Melodie wie Nr. 1)

Der Blumentanz springt auch auf die Zuschauer über,
wobei Strophen bzw. das ganze Lied wiederholt werden können.

1. Seht die Blumen wachsen, seht doch, wie sie blühn,
   wie sie aufstehn aus dem Staube, wie sie alle loben ihn,
   unsern Gott, der aus dem Elend führt,
   unsern Gott, der auch die Nacht regiert
   und der nimmer uns verläßt, und der nimmer uns verläßt.

2. Seht die Blumen wachsen, seht doch, wie sie blühn,
   wie sie aufstehn aus dem Staube, wie sie alle loben ihn,
   unsern Gott, der uns sein eigen nennt,
   unsern Gott, der sich zu uns bekennt,
   und der nimmer uns verläßt, und der nimmer uns verläßt.

3. Gottes Reich muß wachsen, Gottes Reich wird blühn,
   sich erheben aus dem Staube; alle, alle loben ihn,
   unsern Gott, er schenkt der Welt das Licht,
   unsern Gott, der seinen Bund nicht bricht
   und der nimmer uns verläßt, und der nimmer uns verläßt.

Philippus und der Kämmerer

Singspiel zu Apostelgeschichte 8,26–39

Vorbemerkung:

Dieses Singspiel wurde 1974 für das Vorbereitungsheft zum Bibelsonntag 1974 »Bibel weltweit« entworfen. Damit ist der weite Themenbereich abgesteckt, in dem dieses Spiel eingesetzt werden kann.
Mehr noch als sonst sind hier die Kinder nicht nur als Chor, sondern als Beteiligte miteinbezogen.
Nach dem Eingangslied Nr. 1 setzen sie sich auf den Boden. Philippus steht mit einem Bündel allein da. Bei Nr. 3 stehen die Kinder entsprechend dem Rhythmus des Aufbruchsmotivs gruppenweise auf, gehen auf Philippus zu, um ihn zu verabschieden und ein Stück weit zu geleiten.
Später nehmen sie ihn in die Mitte und ermuntern ihn, durchzuhalten (Nr. 5). Bei Nr. 7 stehen sie bewundernd am Straßenrand, wobei sich bei Strophe 3–5 Einzelstimmen erklärend an die Zuschauer wenden können. Nr. 11 wird zu einer Aussende- und Abschiedszeremonie. Bei Nr. 12 kann der Kutscher das Leitmotiv »Nun, Kämmerer, mach dich auf« anstimmen.
Philippus, der im ganzen Stück mehr pantomimisch als stimmlich gefordert ist, erklärt die Schrift, damit nach dem Willen des Heiligen Geistes das Evangelium auch nach Afrika kommt. Die Zuwendung des Philippus zum Kämmerer und seiner Schriftrolle spiegelt sich in Nr. 9: Die Gemeinde singt, vom Chor geführt, das Strophenpaar »Einer mußte sterben« und »Einer mußte leben«. Während diese Strophen wiederholt werden, singt der Kämmerer, unterstützt von seinen Begleitern, von seinem Nichtverstehenkönnen, bis ihm dann Philippus bezeugt, wessen Weg in Jesaja 53 gemeint ist. Die Gemeinde wiederholt noch einmal das Strophenpaar, der Großteil des Chores kann nun mit Philippus singen, evtl. durch eine Trompete verstärkt.
Die Zuwendung des Philippus zum Kämmerer ist wichtiger als die Frage nach der Beschaffenheit des Wagens. Hier richtet man sich nach den vorhandenen Möglichkeiten und Fertigkeiten.
Die Pferde: Kinder mit einem festlich wippenden Mähnenschmuck auf dem Kopf, auch im Stehen immer in vibrierender Bewegung, um die Knöchel Glöckchen.
Zum Kämmerer gehört mindestens ein Kutscher und ein Herold.
Die Schriftrolle darf nicht zu klein sein.

Ansingen:

Nr. 9 A und Nr. 1

Partituren:

Aufführungsmaterialien zu diesem Singspiel sind erhältlich bei:
Carus-Verlag, Wannenstraße 45, 70199 Stuttgart
(Bestell-Nr. CV 12.557)

1. Eingangslied (Alle)

2. Dein Wort ist uns erschienen, es trägt dein Gesicht:
»Kehrt um, denn ihr sollt leben, und fürchtet euch nicht!«

3. Dein Wort ist unterschrieben, denn Jesus litt und starb
und ruft: »Ich bin erstanden, nehmt, was ich erwarb!«

4. Sagt diese Botschaft weiter, verschweiget sie nicht.
Gott steht zu seinem Worte, hält, was er verspricht.

2. Sprecher:

Eine gute Gemeinde so fängt's an –
verliert plötzlich ihren besten Mann,
den Apostel, der sie gegründet hat.
Gott spricht zu ihm: »Verlaß die Stadt!
Auf, in die Wüste zieh hinein!
Laß deine Brüder Brüder sein!«

3. Chor

Philippus, mach dich auf, mach dich auf, mach dich auf!
Philippus, mach dich auf, mach dich auf, mach dich auf: (Wiederholen)
Sollst Kampf nicht scheuen, will Mut verleihen und Kraft erneuern.
Mach dich auf!
Sollst Kampf nicht scheuen, will Mut verleihen und Kraft erneuern.
Drum mach dich auf!

Philippus mach dich auf . . .
Will auch im Leiden dich stets begleiten, den Weg bereiten.
Mach dich auf!
Will auch im Leiden dich stets begleiten, den Weg bereiten.
Drum mach dich auf!

4. Sprecher:

Der Jünger steht nach kurzer Zeit
am neuen Arbeitsplatz bereit.
Glutheiß die Straße. Er steht allein.
Und das soll Gottes Auftrag sein?
»Was hast du, Herr, mit mir im Sinn,
daß ich hierher geraten bin?«

5. Chor

Philippus, gib nicht auf, gib nicht auf, gib nicht auf!
Philippus, gib nicht auf, gib nicht auf, gib nicht auf! (Wiederholen)
Nicht einsam stehe, nicht dich nur sehe, auf mein Wort gehe.
Gib nicht auf!
Nicht einsam stehe, nicht dich nur sehe, auf mein Wort gehe.
Drum gib nicht auf!

Philippus gib nicht auf ...
Sollst mein Wort bringen, wirst mir lobsingen. Dir wird's gelingen.
Gib nicht auf!
Sollst mein Wort bringen, wirst mir lobsingen. Dir wird's gelingen!
Drum gib nicht auf!

6. Sprecher:

Noch scheint die Straße trostlos leer.
Da – sieh! Ein Wagen braust daher.
Ausländische Flagge, fremde Macht,
vornehme Diener! Welche Pracht!
Wer in *der* Staatskarosse fährt,
ist seinem Herrn bestimmt viel wert.

7. Chor (evtl. Einzelstimmen bei Strophe 3–5)

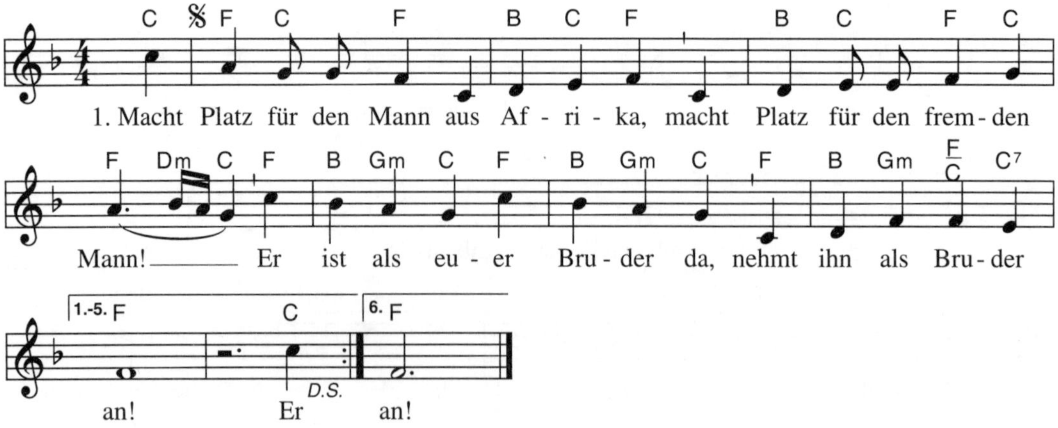

2. Er ist der erste Mann im Staat, geachtet und bekannt,
Kandaze hört auf seinen Rat, die Königin im Land.

3. Doch dürft ihr nicht das Äußre sehn, nicht Reichtum, Ehre, Geld.
Nur dann könnt ihr ihn recht verstehn, seht ihr auch, was ihm fehlt.

4. Er sucht nach seines Lebens Sinn, nach Hoffnung und Bestand.
Drum brach er auf zum Tempel hin ins ferne Heil'ge Land.

5. Doch fand er keinen Frieden dort. Da wagt er einen Kauf,
erwirbt sich das Prophetenwort und schlägt die Bibel auf.

6. Wer hilft dem Mann aus Afrika, dem unbekannten Mann? Zeigt ihm die Schrift,
bringt sie ihm nah, nehmt ihn als Bruder an!

8. Sprecher: Philippus wird zum Weggefährten,
läuft neben der Kutsche und den Pferden
im Staub geduldig seine Bahn.
Fragt schließlich: ob er verstehen kann,
was er in seinen Schriften liest?
»Steig ein, wenn du drin kundig bist!«

9. Die Heilige Schrift (A), das Nicht-Verstehen-Können des Kämmerers (B) und die Botschaft des Philippus (C)

Gemeinde singt den prophetischen Text Jes. 53,7.8:

A
Einer mußte sterben,
unsäglich Leiden tragen,
einer mußte sterben
und keiner hört ihn klagen.

Einer mußte leben.
Gott will den Tod bezwingen.
Einer mußte leben,
für alle Frieden bringen.

▶▶▶

Kämmerer singt in die Wiederholung dieser Verse hinein:

A+B

Ich kann das nicht verstehen.
Von wem steht da geschrieben?
Ist's wirklich so geschehen?
Ist's nur ein Traum geblieben?

Kann das für mich auch gelten,
was dieser tat für viele?
Verändert sind dann Welten
und ich, ich bin am Ziele.

Philippus (verstärkt durch Chor und Instrumente) singt dazu während einer weiteren Wiederholung:

A+B+C

JESUS mußte sterben,
unsäglich Leiden tragen.
Jesus mußte sterben
und keiner hört ihn klagen.

JESUS mußte leben.
Gott will den Tod bezwingen.
Jesus mußte leben,
für alle Frieden bringen.

10. Sprecher:

Philippus sagt, was mit Christus geschehn.
»Von ihm aus mußt du die Schrift verstehn!
Er ist's, der dir den Weg freigibt,
den Weg zum Vater, der dich liebt.
Er ist dein Herr! Kannst du dies fassen?
Dann kannst du dich gleich taufen lassen!«

11. Chor (evtl. Alle)

2. Nun Kämmerer, mach dich auf, mach dich auf, mach dich auf!
Nun Kämmerer, mach dich auf, mach dich auf, mach dich auf! (Wiederholen)
Du sollst dich regen und weitergeben das Wort vom Leben.
Mach dich auf!
Du sollst dich regen und weitergeben das Wort vom Leben.
Drum mach dich auf!

3. Nun, Kämmerer, mach dich auf ...
Sollst heimwärts reisen, auch dort mich preisen und Retter heißen.
Mach dich auf!
Sollst heimwärts reisen, auch dort mich preisen und Retter heißen.
Mach dich auf!
Sollst heimwärts reisen, auch dort mich preisen und Retter heißen.
Drum mach dich auf!

12. Sprecher:

Nun ist der Kämmerer Gottes Kind,
wie wir's durch Tauf' und Glauben sind.
Er hat die Bibel in der Hand,
bringt sie ins ferne Heimatland.
Fröhlich er seine Straße zieht.
Sogar der Kutscher singt ein Lied.

13. Schlußlied (Alle)

2. Dein Wort ist uns erschienen, es trägt dein Gesicht:
»Kehrt um, denn ihr sollt leben, und fürchtet euch nicht!«

3. Dein Wort ist unterschrieben, denn Jesus litt und starb
und ruft: »Ich bin erstanden, nehmt, was ich erwarb!«

4. Sagt diese Botschaft weiter, verschweiget sie nicht.
Gott steht zu seinem Worte, hält, was er verspricht.

Die Heilung der zehn Aussätzigen

Singspiel zu Lukas 17,11–19

Vorbemerkung:

Dieses Singspiel wurde für eine Evangelische Morgenfeier des Süddeutschen Rundfunks im Advent 1973 geschrieben.
Da der alte Luthertext von einem »Markt« spricht, wurde als Schauplatz ein richtiger Markt gewählt, was sich mit dem vorweihnachtlichen Verkaufstrubel in Verbindung bringen läßt.
Nr. 4: Eine weitere, instrumental gespielte Strophe (wobei der Chor mit »La, la, la« singen kann) gibt Gelegenheit, den Marktbetrieb darzustellen – entsprechend Nr. 12 die Freude und den Übermut der Geheilten.
Nr. 5: Die Aussätzigen stehen »ferne« (vielleicht am Kircheneingang), stehen bei Nr. 9 inmitten der Gemeinde und rennen bei Nr. 12 auf den Markt vollends nach vorn, wobei sie Binden und Krücken etc. von sich werfen.
Der dankbare Samariter, der in der ersten Strophe von Nr. 14 überschwenglich dankt, wird in der zweiten Strophe zum Fürbitter und Helfer der noch nicht Geheilten. Hier können Hände sprechen. Die Freudensprünge bei dem erweiterten Jubel fallen deshalb für Samariter und den Chor nicht geringer aus.
Die Frage Nr. 16 kommt aus dem Chor.

Ansingen:

Nr. 9

Partituren:

Aufführungsmaterialien zu diesem Singspiel sind erhältlich bei:
Carus-Verlag, Wannenstraße 45, 70199 Stuttgart
(Bestell-Nr. CV 12.546)

1. Alle (EG 7/EKG 5,1–3)

2. O Gott, ein' Tau vom Himmel gieß, im Tau herab, o Heiland fließ!
Ihr Wolken, brecht und regnet aus den König über Jakobs Haus!

3. O Erd, schlag aus, schlag aus, o Erd, daß Berg und Tal grün alles werd!
O Erd, herfür dies Blümlein bring, o Heiland, aus der Erden spring!

2. Sprecher I:

Advent – das heißt: Der Herr ist nah.
Er kommt zu allen. Bald ist er da.
Er kommt zu arm und kommt zu reich.
Vor ihm sind alle Menschen gleich.
Doch die, die ganz am Rande stehn,
die haben als erste ihn kommen sehn.
Sie haben erfahren, daß Gott sie liebt
und ihnen ein neues Leben gibt;
auch solche, die nichts mehr zum Freuen haben,
empfangen durch ihn die größten Gaben.
Und mancher schien fürs Glück geboren –
und hat ihn ganz aus den Augen verloren.

3. Sprecher II:

Jesus kommt mit der Jüngerschar
zu einem Ort, wo Markttag war.

4. Auf dem Markt

Vorsänger: Markttag ist! Kommt her, ihr Leut'!
Chor: Schön ist's hier auf unsrem Markt, schön ist unser Leben,
und dem Bettler in der Stadt woll'n wir auch was geben.
La, la, la, la!
Alle: La, la, la, la!
Chor: Kaufet, bleibet, kehret ein, seid doch unsre Gäste,
hört, schon wird Musik gemacht, kommt zu unsrem Feste!
La, la, la, la!
Alle: La, la, la, la! – Kommt zu unsrem Feste!

5. Sprecher I: Ist das ein Umtrieb auf dem Weg zur Stadt!
Ein jeder was zu besorgen hat
und eilt geschäftig zum Stadttor hinein.
Da hört man von Ferne ein klägliches Schrei'n:

6. Ruf der Aussätzigen

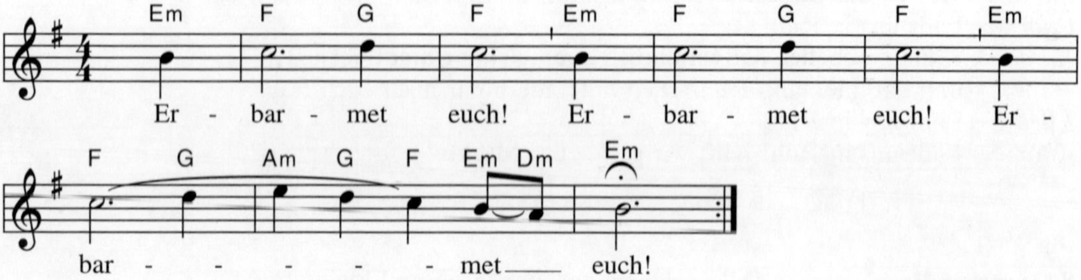

7. Eltern und Kinder auf dem Weg zum Markt

(Verse) ►

Kind II: Mutter, schau, zehn Männer sind's! Welche große Not!
Mutter: Hier kann keiner mehr was tun, sind so gut wie tot! Laß mich in Ruh!
Chor: Laß mich in Ruh!
Kind II: Sie verhüllen ihr Gesicht, Füße, Arme, Hände!
Mutter: Aussatz hat sie heimgesucht, drum sind sie am Ende. Laß mich in Ruh!
Chor: Laß mich in Ruh! Drum sind sie am Ende!

Kinder: Kann geschehn, daß auch einmal euch der Aussatz trifft?
Eltern: Was ist das für ein Geschwätz! Still! So sagt man nicht! Laßt uns in Ruh!
Chor: Laßt uns in Ruh!
Kinder: Kann geschehn, daß man auch euch aus der Stadt verjagt,
und daß niemand mehr euch hilft, nie mehr nach euch fragt?
Eltern: Laßt uns in Ruh!
Chor: Laßt uns in Ruh! Auf, wir gehn zum Markte!

8. Sprecher II: Alle gehn sie vorüber, groß und klein.
Wer den Aussatz hat, der ist furchtbar allein.
Warum bin ich krank? denkt er hin und her.
Warum gibt's für mich keine Rettung mehr?
Warum will niemand zu mir kommen?
Warum bin ich nirgends angenommen?
Warum nur, daß jedem vor mir graut?
Warum nur, daß keiner nach mir schaut?

Sprecher I: Doch Jesus kommt. Zieht auch er vorbei?
Die Aussätzigen erheben ein großes Geschrei:

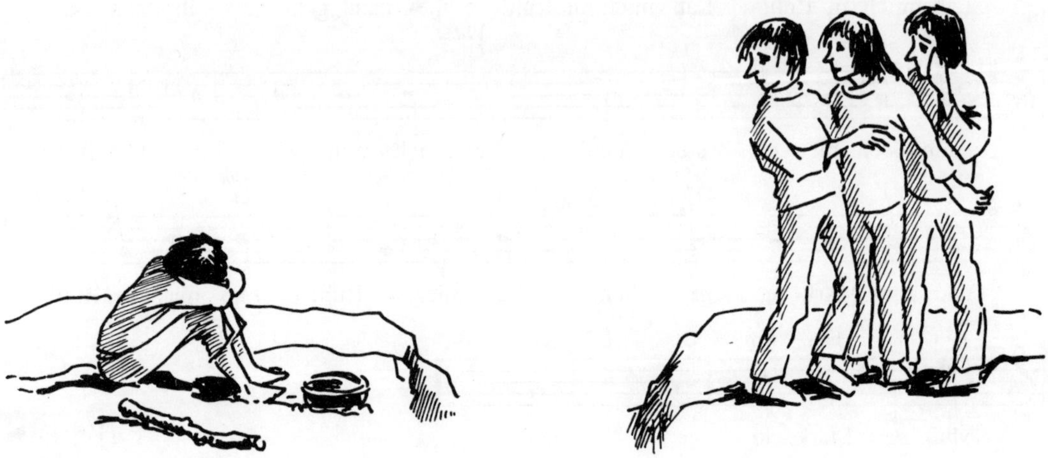

9. Die Aussätzigen rufen (dazu Chor und Alle)

Chor und Alle: Wo bleibst du, Trost der ganzen Welt, darauf sie all ihr Hoffnung stellt?
O komm, ach komm vom höchsten Saal! Komm, tröst uns hier im Jammertal!
O klare Sonn, du schöner Stern, dich wollten wir anschauen gern;
O Sonn, geh auf, ohn deinen Schein in Finsternis wir alle sein.
(EG 7/EKG 5,4+5)

10. Sprecher II: Und Jesus hört und spricht sein Wort:
»Hinweg aus eurem Elendsort!
Auf, euer Jammer muß jetzt schweigen!
Ihr könnt euch gleich dem Priester zeigen!«

11. Sprecher I: Sie brechen auf, sind gesund im Nu
und – stürmen alle dem Markte zu.

12. Die Aussätzigen

Aussätzige: Laßt es auch vergessen sein, wie sie uns verstießen
und uns ohne unsre Schuld »Unrein, unrein!« hießen.
La, la, la, la!

Chor: La, la, la, la!

Aussätzige: Denn was konnten wir dafür, daß wir so geschlagen?
Wenn in sie der Aussatz fährt, sollen *sie* ihn tragen!
La, la, la, la!

Chor: La, la, la, la! Sollen sie ihn tragen!

13. Sprecher II:

Kein einziger kehrt zu Jesus um.
Zwar loben sie ihn, doch ihr Herz bleibt stumm.
Kein einziger? Nein, da kommt einer von ihnen daher,
ein Samariter, der dankt ihm sehr.

Sprecher I:

Er war nur ein halb-heidnischer Mann
und hat als einz'ger das Rechte getan!
War der Ärmste seiner Leidensgefährten.
Doch er soll uns zum Vorbild werden.

14. Der dankbare Samaritaner

(2. Vers) ▶

Herr, sieh doch in dieser Welt all die vielen Kranken.
Schick doch bald den Tag herbei, daß auch sie dir danken.
La, la, la, la! (im Wechsel mit Chor und allen: La, la, la, la!)
Ich hab nun ein neu Gesicht, neue Füß' und Hände,
ich will dienen dir damit. Deshalb du mich sende!
La, la, la, la! (im Wechsel mit Chor: La, la, la, la!)
Deshalb du mich sende!

15. Sprecher II: Ihm ist geholfen, dem aussätzigen Mann,
weil er Jesus danken und dienen kann.

16. Wo sind aber die Neun?

17. Chor

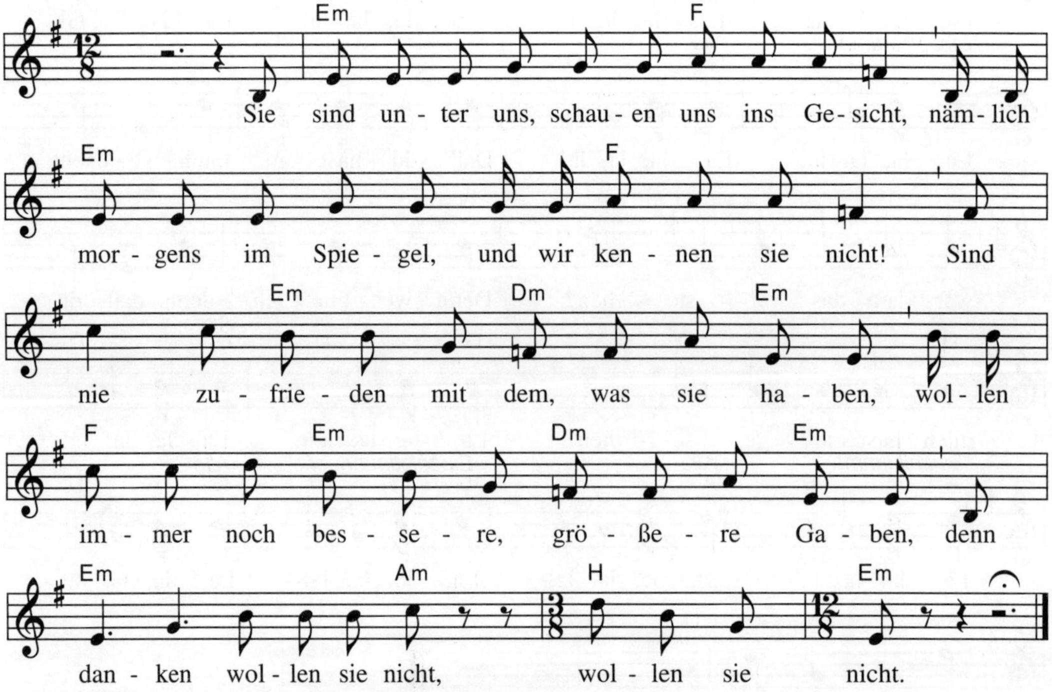

2. Sie sind unter uns, schauen uns ins Gesicht,
nämlich morgens im Spiegel, und wir kennen sie nicht!
Ihr eigenes Ich muß stets Mittelpunkt sein,
drum sind sie in Freud und Leid immer allein.
Denn danken wollen sie nicht, wollen sie nicht.

3. Sie sind unter uns, schauen uns ins Gesicht,
nämlich morgens im Spiegel, und wir kennen sie nicht!
Sie kennen kein Lächeln, kein freundliches Wort,
Gott will sie gewinnen, doch sie laufen fort.
Denn danken wollen sie nicht, wollen sie nicht.

18. Sprecher II: Advent – das heißt: Der Herr ist nah.
Er kommt zu allen. Bald ist er da.
Freut euch, daß ihr ihn dürfet sehn.
Sollt dankbar ihm entgegengehn!

19. Chor und Alle (EG 7/EKG 5,6+7)

Da wollen wir all danken dir,
unsrem Erlöser, für und für:
da wollen wir all loben dich
zu aller Zeit und ewiglich.